TORFAEN LIBRARIES
WITHDRAWN

Book No. 1051262

106262.

UN PROCÈS
SANS APPEL

Du même auteur

JE N'AI PLUS DE LARMES POUR PLEURER
Grasset, 1985.

LA FEMME LAPIDÉE
Grasset, 1990.

FREIDOUNE SAHEBJAM

UN PROCÈS
SANS APPEL

BERNARD GRASSET
PARIS

Tous droits de traduction, de reproduction et d'adaptation
réservés pour tous pays.

© *Éditions Grasset & Fasquelle*, 1992.

A Yaghoub, le juif,
à Ohanes, l'Arménien,
à Cambise, le zoroastrien,

qui ont été brutalement éliminés pour ne pas avoir voulu renier leur foi.

La mémoire demande à être entretenue pour que ne retombent pas nos indignations face à l'injustice et aux plus grands drames de l'histoire.

Costa-Gavras.

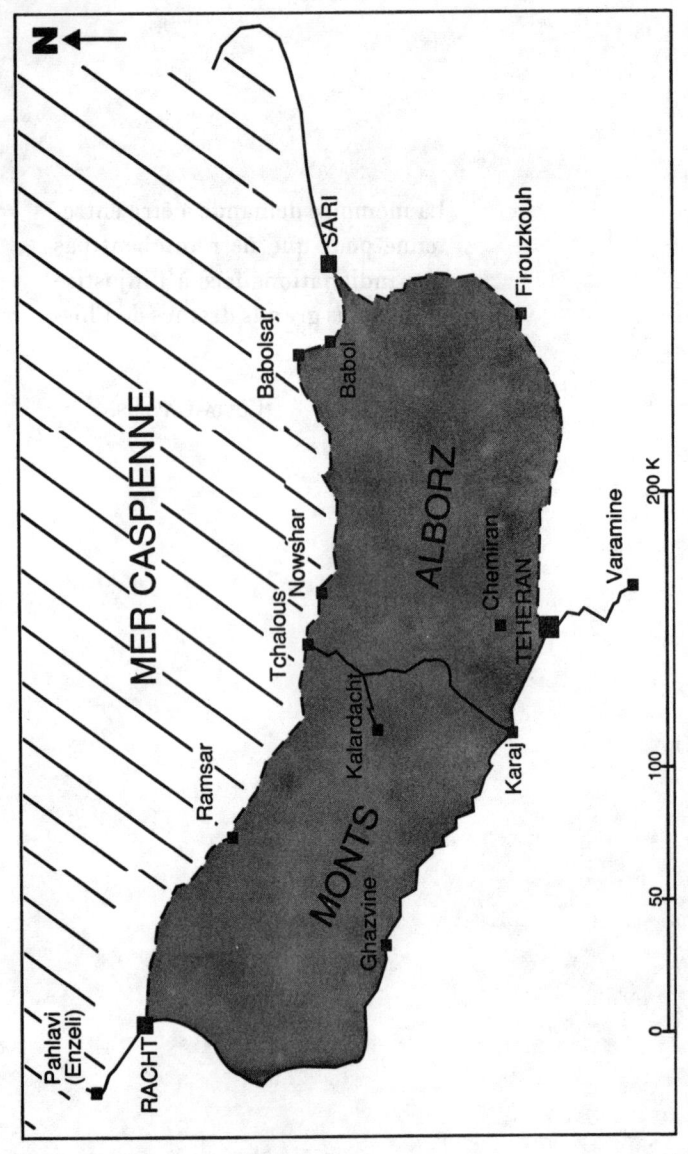

Périple de Rahmat en été et en automne 1979.

1

GRANDEUR ET DÉCADENCE

La salle du grand amphithéâtre était comble. Depuis des semaines, toutes les places avaient été réservées pour cette conférence de Joseph-Jean Lanza del Vasto, philosophe et écrivain d'origine italienne, qui se disait disciple de Gandhi sans pour autant avoir renoncé à sa foi catholique.

Longue chevelure et barbe noire, revêtu d'une robe de bure marron et chaussé d'espadrilles, son entrée dans la salle de l'université de Lausanne avait provoqué un murmure de stupéfaction. L'homme semblait descendu tout droit des hauts plateaux de l'Himalaya. Il fut ovationné, puis le doyen de la faculté des sciences morales le présenta :

« ... comme le mahatma Gandhi, qu'une main criminelle a assassiné il y a quatre années à peine, Lanza del Vasto refuse la violence, d'où qu'elle vienne et quoi qu'elle prétende justifier. Il veut raviver les valeurs spirituelles de la civilisation occidentale... Il n'est que de relire son *Pèlerinage aux sources*, paru en 1944 et ses *Commentaires sur l'Évangile*, son dernier ouvrage, publié il y a un an tout juste... »

Un procès sans appel

Pendant une heure et demie le philosophe parla d'amour, de tolérance, de justice, mais aussi de violence, de crime et de génocide.

« Toutes les religions ont leurs martyrs, toutes sont nées dans le sang, mais aucune n'a jamais totalement disparu. Christ est mort sur la croix pour nous sauver, Hussein est mort à Karbala trahi par les siens et assassiné par Yazid en 680 ; Bab a été fusillé en Perse en 1850 car sa foi dérangeait le pouvoir royal en place ; Gandhi nous a brutalement quittés il y a peu de temps. Demain, un fou pourrait tuer un évêque, pourquoi pas un pape ?... »

L'orateur poursuivit :

« Dans le monde d'aujourd'hui, les grandes religions chrétienne, juive, musulmane et bouddhiste, coexistent avec des dizaines d'autres qui comptent des millions d'adeptes, et sont aussi respectables que celles d'Abraham et du Bouddha »...

Rahmat prenait des notes. Il était fasciné par cet homme d'un autre temps qui parlait d'une voix douce, passant sa main longue et osseuse dans sa barbe qui recouvrait une croix.

« J'ai plus d'amour pour le zoroastrien qui pratique avec ferveur son culte que pour le chrétien qui va à la messe le dimanche par conformisme ; j'admire davantage l'ismaïlien ou le brahmane qui implore Dieu à tout instant de la journée et lui rend grâce pour ses bienfaits que le musulman qui va à

Grandeur et décadence

La Mecque pour se faire respecter à son retour. Le copte, le tamoul, le bahaï, le druze ont mon respect et mon admiration car ils souffrent pour pouvoir pratiquer leur religion, sont souvent persécutés, et contraints de se cacher pour prier. »

Lanza del Vasto parla longuement des religions opprimées : des chrétiens sous la Rome barbare, des protestants sous les rois de France, des Arméniens en Turquie, des juifs pendant la Seconde Guerre mondiale et des vexations que subirent les musulmans en Inde et dans les colonies françaises et britanniques.

« Je ne reconnais à personne le droit de juger son voisin parce qu'il ne pense pas comme lui, parce qu'il ne croit ou ne prie pas comme lui, parce qu'il n'est pas de la même race ou de la même culture que lui. Pourquoi nous, misérables pécheurs, aurions-nous ce droit ? »

L'orateur fut applaudi. On voulait lui parler, le toucher, croiser son regard. Rahmat eut beaucoup de mal à s'approcher de lui. Quand il y parvint, le philosophe quittait la salle. Le jeune homme lui lança, à tout hasard :

« Maître, je suis bahaï... »

Lanza del Vasto s'arrêta, se retourna et regarda dans sa direction :

« Qui m'a parlé ?... Qui est bahaï ?

— Moi, Maître », répondit Rahmat en inclinant la tête.

Un procès sans appel

Le philosophe écarta les bras et le serra contre lui. Autour d'eux, on s'était tu et on regardait cette scène : un grand homme maigre et ascétique en robe brune usagée donnant l'accolade à un jeune étudiant basané habillé à l'occidentale, manifestement bouleversé.

« Comment vous appelez-vous, jeune homme et d'où venez-vous ?

— Je m'appelle Rahmat... Rahmat Daneshvar et je viens d'Iran. J'étudie ici depuis deux ans...

— Rahmat. Vous venez d'Iran ? J'y suis allé deux fois ; quels merveilleux paysages, quelles couleurs étranges, quels parfums le soir, quand le soleil descend... Et surtout ces grands poètes, Saadi, Hafez, Ferdowsi, Khayyam... Vous les avez lus ?

— Pas tous, Maître, Khayyam et Hafez surtout... »

Le maître et l'élève sortirent ensemble vers la place de la Riponne où une voiture devait conduire l'orateur à une réception donnée par le conseil des Églises. Avant de quitter Rahmat, il lui demanda :

« Que faites-vous après-demain soir ? Je donne une nouvelle conférence à Genève à 20 heures. Si vous venez, je parlerai du Bab et des bahaïs.

— Je serai là, Maître, je serai là... »

Le cœur du jeune homme battit très fort tandis que la voiture s'éloignait dans la nuit naissante. Depuis qu'il avait quitté son pays, c'était la première fois que Rahmat avait osé parler de sa foi avec un

Grandeur et décadence

inconnu. Jamais, en deux années, il n'avait abordé le sujet avec un de ses compatriotes ou camarades de classe. Gêne, honte, peur, pas exactement. De la timidité, certes, mais surtout une prudente réserve, car les Iraniens ne toléraient pas d'avoir parmi leurs amis des juifs, des bahaïs, des admirateurs de Zoroastre ou de l'Agha Khan. Or voilà que soudain, au milieu d'une foule d'inconnus, il proclamait sa foi !

Il descendit à pied vers le lac. Quand il atteignit Ouchy, il faisait nuit noire. Il marcha le long de la promenade. Il savait qu'il se rendrait le surlendemain à Genève, mais quelque chose le freinait dans son élan. A part les réunions des adeptes de sa communauté qu'il avait suivies avec assiduité quand il était au pays, jamais encore il n'avait assisté à des conférences sur le bahaïsme hors des temples de sa religion. Son père lui avait toujours recommandé d'être discret dans la pratique de sa foi.

Or, spontanément, sans y avoir réfléchi, il avait accepté de se rendre dans une autre ville, d'être présent à une conférence à une heure où il aurait dû suivre un cours ! Quand il regagna la chambre qu'il louait chez deux vieilles personnes du quartier de la gare, sa décision était prise. Il prendrait le train pour Genève et suivrait la nouvelle conférence de l'homme qui l'avait fasciné quelques heures auparavant. Mais il n'en parlerait à personne, du moins pas pour le moment.

Un procès sans appel

Le grand salon d'honneur de l'hôtel de la Paix était comble. On ouvrit des portes latérales, on apporta des chaises, on alluma d'autres lustres et le silence se fit. L'orateur fit son entrée, revêtu cette fois d'une robe blanche.

« Je voudrais vous parler de trois religions persanes qui ont aujourd'hui des dizaines de millions d'adeptes de par le monde. Toutes trois méritent d'être mieux connues. Elles ont de nos jours leurs temples, leurs hôpitaux, leurs centres sociaux, leurs écoles, leurs bibliothèques. Elles ont hélas leurs martyrs mais aussi leurs saints »...

Lanza del Vasto parla du zoroastrisme, ancienne religion de la Perse millénaire qui disparut avec les invasions arabes du VIIe siècle. Puis il passa aux ismaïliens, persécutés par les califats de Bagdad et de Damas pour déviationnisme et hérésie.

« Quand on parle des ismaïliens aujourd'hui, on pense à l'Agha Khan, cet auguste patriarche qui vit non loin d'ici et que les journaux montrent entouré de fastes et d'ors. On oublie qu'il a été un des hommes clés de la création du tout jeune Pakistan, qu'il a présidé dans cette ville où je me trouve ce soir la Société des Nations et qu'il a été l'ami de Gandhi. Ses ancêtres ont été massacrés par les Arabes et par les Perses pendant plus de mille ans »...

Grandeur et décadence

Enfin l'orateur aborda la religion de Rahmat, la foi bahaïe.

« C'est la moins connue, parce que la plus récente, mais je dirai aussi que c'est aussi la plus surprenante, car elle n'a ni clergé, ni prêtres, ni hiérarchie, et propose une égalité totale entre ses fidèles. Elle a pris dans toutes les grandes religions monothéistes existantes ce qu'elles avaient de meilleur et en a fait une synthèse; elle a également pris dans chacun de ces grands courants de pensée un prophète ou un saint, et considère ce prophète ou ce saint comme un des siens. Ainsi, Abraham, Krishna, Moïse, Zoroastre, mais également Bouddha, le Christ et Mahomet sont reconnus par les adeptes bahaïs, honorés et priés. Avouez que c'est tout à fait extraordinaire. Imaginez un moment, dans un pays totalement rétrograde dirigé par le despotisme éclairé, des hommes qui un beau jour décident de transformer les structures sociales et religieuses de leur communauté. Imaginez un pays où l'islam est tout-puissant et où les femmes sont réduites depuis des siècles à un quasi-esclavage au bénéfice des hommes de la famille, imaginez que dans ce pays l'une d'entre elles, une poétesse de surcroît, prénommée Tahereh, décide soudain de ne plus porter le voile, de ne plus cacher son visage et ses cheveux et demande à ses sœurs et ses proches d'en faire autant. Imaginez enfin que ces hommes et ces femmes, tous nés musulmans et issus de familles honorables, préconisent un beau jour la plus stricte égalité des sexes, l'éducation pour tous, le droit de vote pour tous, et cela des dizaines d'années avant les nations les plus évoluées de l'Occident ! »

Rahmat sentit son cœur battre très fort. Il était fier de ce qu'il entendait, il avait envie d'applaudir, de se lever, de hurler son enthousiasme. Il était très agité sur son fauteuil. Pour la première fois de sa vie, il prenait conscience de sa foi et de la force qu'elle lui donnait. Jusqu'à présent, il n'avait fait que suivre son père, le respecter et l'approuver sans se poser de questions. Et voilà soudain qu'un homme se dresse devant lui, croise sa route et lui annonce qu'il doit être fier de sa confession, que d'autres devraient la méditer et mieux la connaître.

« Dans ce Moyen-Orient tellement conservateur et traditionaliste, les propos de Tahereh et de ses amis choquèrent. On cria à l'apostasie et à l'hérésie : comment pouvait-on abandonner cette religion sublime et parfaite qu'était l'islam, comment pouvait-on vénérer d'autres prophètes que Mahomet, comment pouvait-on remettre en question l'ordre moral et social inscrit dans le Coran et les saintes Écritures, comment pouvait-on tout simplement rejeter ce qui avait été enseigné depuis plus de douze siècles par les docteurs de la foi ?

» Imaginez que chez nous en Europe, à la même

Grandeur et décadence

époque – Louis-Philippe régnait en France et Victoria n'était pas encore souveraine en Angleterre –, il n'était pas encore question de vote pour les femmes ni de scolarité pour tous. »

Rahmat jeta un regard furtif vers son voisin de droite, qui prenait des notes sur un calepin. « C'est très intéressant ce que dit l'orateur, j'ignorais tout ça... »

« Le mouvement bahaï est né à Shiraz dans le sud de la Perse à l'instigation de Seyed Ali Mohamad, qui vint au monde en 1819. Ce mouvement s'étendit dans tout le pays et intrigua, puis dérangea les rois ghadjars, qui régnaient depuis à peine une cinquantaine d'années. Le souverain, Mohamad Shah, ordonna l'arrestation de Seyed Ali Mohamad, considéré comme traître à sa foi et à sa patrie. En 1847, on parvint enfin à mettre la main sur lui et sur une poignée de fidèles. De prisons en forteresses, de cachots en geôles, le jeune prédicateur fut transféré dans l'extrême nord du pays et présenté au printemps de 1848 au prince héritier Nasser-ed-Dine et à un aréopage de religieux et d'érudits. Le jeune prisonnier exposa ses convictions et n'en renia aucune. Il eut le front d'ajouter : " Mes sympathisants m'appellent le Bab, parce que je suis ' la porte ' par laquelle passe le message de Dieu. " C'en était trop : il fut condamné à mort le soir même, mais l'exécution de la sentence se fit attendre deux années, car

Un procès sans appel

entre-temps le shah de Perse mourut et son fils Nasser-ed-Dine lui avait succédé : il n'avait que seize ans ! »

Lanza del Vasto s'interrompit un instant. L'auditoire était suspendu à ses lèvres.

« Massacres et tueries se poursuivirent un peu partout en Perse. Les bahaïs, de plus en plus nombreux, et qui moururent par milliers entre 1847 et 1849, voulurent obliger le nouveau shah à gracier Seyed Ali Mohamad qui disait être le " Mahdi ", celui qui viendrait à la fin des temps sauver le monde. Enfin, un jour, le shah dut constater que son propre conseiller spirituel et précepteur, Mirza Gholam Ali s'était converti à la foi bahaïe. Il entra dans une rage folle et ordonna que tous les bahaïs qui n'auraient pas renoncé à leur religion fussent exécutés. Parmi les premiers suppliciés, il y eut l'oncle du Bab, ainsi que le précepteur royal.

» Le 9 juillet 1850, il y a un peu plus d'un siècle, les derniers bahaïs incarcérés à la citadelle de Tabriz furent emmenés fers aux pieds sur la place publique. Il leur fut demandé une dernière fois s'ils acceptaient de renier leurs convictions. Certains parmi eux feignirent de le faire en vertu du principe du " taghiyeh " qui autorisait un reniement extérieur en cas de contrainte ou de danger menaçant. Cette clause a encore cours de nos jours. Ils furent libérés sur-le-champ. Seuls Seyed Ali Mohamad et

Grandeur et décadence

son plus proche compagnon, Mirza Mohamad Yazdi, refusèrent cette imposture. »

Lanza del Vasto s'arrêta un court instant et reprit, très ému :

« Les deux condamnés furent suspendus par les pieds et un régiment chrétien arménien fut chargé de la mise à mort. Lorsque la fumée se dissipa, le Bab avait disparu. Il y eut un début de panique parmi les soldats et la foule. Après de longues recherches, on le retrouva caché dans une cave voisine : les balles avaient rompu la corde le soutenant et il s'était échappé. Le commandant arménien refusa alors de diriger une nouvelle fois le peloton d'exécution, et ce fut une compagnie musulmane qui mit fin aux jours du fondateur du babisme. Il avait trente et un ans.

» Mais la mort du jeune prédicateur ne résolut rien : exactions, attentats, assassinats, massacres continuèrent pendant des années. L'Angleterre et la Russie s'inquiétèrent de cette barbarie quotidienne et exprimèrent leurs véhémentes protestations auprès du shah. Même la poétesse Tahereh fut étranglée, après un long emprisonnement.

» Des péripéties s'ensuivirent, les chefs bahaïs dont le neveu du Bab, Bahaollah, purent quitter la Perse et, après être passés par Bagdad et Karbala, parvinrent à Constantinople. Puis après bien des vicissitudes, et sur ordre du gouvernement ottoman,

Un procès sans appel

les bahaïs furent finalement autorisés à s'installer définitivement en Palestine, au bord de la Méditerranée, à Saint-Jean-d'Acre, où ils construisirent leur temple et inhumèrent secrètement le corps du Bab et de ses principaux disciples, qu'ils avaient transportés avec eux au fil de leurs étapes à travers le Proche-Orient. Ils furent soixante-dix à s'établir sur leur terre promise, le 31 août 1868, après vingt années d'errance, de pogromes et d'humiliations. Soixante-dix survivants alors qu'ils avaient été plusieurs milliers !

» Ils reprirent alors espoir et bâtirent leur nouvelle église en se conformant aux textes du Bab, rescapés des mains des sicaires du shah de Perse. C'est de Saint-Jean-d'Acre qu'ils rédigèrent plusieurs lettres aux grands de ce monde, au tsar Alexandre II, à Napoléon III, à la reine Victoria, au sultan Abdul Aziz, au pape Pie IX, aux empereurs d'Allemagne et d'Autriche, et même au shah Nasser-ed-Dine, leur demandant de se montrer tolérants envers les bahaïs.

» Voilà plus d'un siècle qu'on continue de tuer ces gens pour leurs convictions et leurs croyances... »

Lanza del Vasto s'arrêta un court instant et conclut :

« Aidez-moi à les sauver ; leur foi est exemplaire. »

Après un silence, il poursuivit :

« Il y a parmi nous ce soir un jeune bahaï que j'ai

Grandeur et décadence

invité à venir. Je le connais à peine. Je l'ai rencontré il y a deux jours à Lausanne. Je ne vous le désignerai pas à moins qu'il ne veuille s'approcher de cette estrade. Qu'il sache que je le respecte comme chacun de vous... »

Il y eut des applaudissements, des questions à l'orateur. Rahmat était resté assis sur son siège. Il lui semblait que tout le monde le regardait. Il avait les larmes aux yeux; il ne pouvait se lever tant il était bouleversé. Jamais son père ne lui avait parlé ainsi de ses coreligionnaires et voilà qu'un non-bahaï venait de faire l'apologie de sa religion, avec des phrases tellement belles. Pourquoi, se demanda-t-il, mes croyances ne sont-elles pas admises dans mon propre pays?

Rahmat Daneshvar était en prison quand, en janvier 1981, mourut Joseph-Jean Lanza del Vasto, mais il ne le sut pas. Jamais il ne revit le patriarche du Larzac dont il lut par la suite *Approches de la vie intérieure* et *Noé*. Il lui avait adressé quelques lettres qui toutes étaient demeurées sans réponse. Il l'avait même invité à venir donner une série de conférences en Iran, mais cela ne se fit jamais. Il le regretta. Comme il regretta de s'être montré trop timide envers sa religion durant ces trois années passées en Occident pour terminer ses études, pendant lesquelles il savait qu'il n'avait rien à craindre. Ainsi dans une petite ville telle que Lausanne, il y avait une synagogue, une église grecque orthodoxe, des centres religieux de nombreuses nationalités et toutes sortes de petites communautés.

Durant sa dernière année d'études, il fréquenta certains de ces lieux de prière avec assiduité. On y parlait de Dieu comme dans les livres que ses parents lui avaient offerts quand il était enfant, des apôtres, du bien et du mal et rien ne l'empêchait, pendant les prêches des pasteurs, de s'adresser à l'Éternel selon sa foi et ses convictions. Le calme de ces temples, la musique de l'orgue le remplissaient de sérénité et d'émotion et affermissaient sa foi en un Dieu tolérant qui le guiderait dans sa vie.

Personne ne lui demandait jamais rien, ni qui il était, ni d'où il venait. Il s'asseyait dans un coin, écoutait, se recueillait puis s'en allait. Parfois on le saluait, jamais on ne le questionnait.

Jusqu'à cette conférence, il avait eu le sentiment de suivre un mouvement, de pratiquer sa religion avec un conformisme hérité de son enfance. Désormais, il se sentait capable de se redresser, d'informer, d'interpeller, voire de répondre aux questions des autres. Lui revint de son père une phrase : « La Maison de Dieu est partout la même, qu'on y parle latin, arabe, grec ou hébreu. Son amour est universel. »

Grandeur et décadence

Un de ses camarades de la faculté de droit, qui partageait avec lui ses études et dont le père était connu en Iran pour sa dévotion, lui avoua un jour qu'il n'avait jamais mis les pieds dans une mosquée et que, de toute façon, ce ne serait pas dans un pays étranger qu'il commencerait. Il y avait en effet un petit centre islamique à Genève, dirigé par un vieux philosophe et quelques ouailles s'y rassemblaient pour prier les jeudis soir.

Rahmat n'aborda jamais plus de sujets religieux avec son condisciple qui avait honte de dire qu'il était musulman et de s'en ouvrir aux filles qu'il fréquentait.

La tolérance de l'étudiant bahaï avait pourtant ses limites. Il lui était par exemple inconcevable d'épouser un jour une jeune fille qui ne soit pas une bahaïe. Ses parents le lui avaient d'ailleurs interdit.

Plus les années passèrent et plus ses convictions s'affermirent. Il participait avec enthousiasme à chaque réunion de sa cellule de quartier, prenait la parole, organisait des collectes, donnait l'exemple. En peu de temps, il devint un des piliers des jeunes bahaïs d'Iran, très actifs dans les lycées et les universités, sur les stades et dans les mouvements sociaux. Il suscita des conversions à sa foi, mais dut également décider de l'exclusion de tel coreligionnaire hors de l'Église du Bab, pour s'être égaré dans les sentiers de la politique, ce qui était interdit aux bahaïs.

A trente ans, Rahmat était devenu un des rouages de son Église non seulement en Iran, mais également dans tout le Moyen-Orient, et pas une année ne se passait sans qu'il se rendît en pèlerinage sur les lieux saints de Saint-Jean-d'Acre, au milieu d'une foule de pèlerins accourus du monde entier. A quarante ans, il avait déjà effectué plusieurs fois le tour de la planète et parcouru les quatre continents, inaugurant un centre bahaï aux îles Samoa, au Chili, en Afrique du Sud et aux Philippines. Tout en étant un homme d'affaires avisé et qui avait toujours su faire des placements judicieux, Rahmat se dévouait à la propagation de sa foi, au développement de son mouvement, à la construction de nouveaux centres, de dispensaires, d'écoles; il donnait des conférences ou prêchait la bonne parole.

Il savait que sa communauté n'était pas très estimée en Iran et qu'elle devait subir des vexations et des humiliations. Des incidents, parfois des accidents, avec des musulmans, des juifs ou des Arméniens, se réglaient cependant à l'amiable afin de ne pas porter atteinte à la dignité et aux convictions des bahaïs.

Pourtant, des images atroces lui revenaient sans cesse, des horreurs qu'il avait vécues et qu'il ne parvenait pas à effacer de sa mémoire.

Grandeur et décadence

Quelque temps après son retour de Suisse, diplôme universitaire en poche, il travaillait un après-midi à la grande bibliothèque du centre bahaï de Téhéran, Hazirat-ol-Ghods, quand soudain il entendit une rumeur provenant de l'extérieur. Une foule importante approchait et avait envahi les jardins du centre spirituel. Il courut avertir ses amis qui se trouvaient dans le bâtiment. Ils virent arriver de grandes voitures américaines, des jeeps de l'armée, des militaires de haut rang, parmi lesquels le patron de l'armée, le général Bathmanghelitch et l'administrateur de la loi martiale, le général Bakhtyar, et sous les vivats de la foule et devant des photographes qui prenaient des clichés, les deux officiers généraux, chacun une pioche à la main, commencèrent à frapper le mur du sanctuaire pour le démolir. La foule hystérique continua sans se faire prier aux cris de « Mort aux bahaïs, feu au temple ! »

Pour la première fois de sa vie – et non la dernière – Rahmat découvrit la haine dans les yeux de ces envahisseurs qui brisèrent tout sur leur passage. L'ordre était venu du Palais, mais pour quelle raison ? Il ne le sut jamais.

Il y eut également des meurtres inexpliqués de bahaïs à Téhéran et dans des villes de province, des mises à sac de leurs maisons, des viols, des dénonciations, des enlèvements, des incendies volontaires de bibliothèques et d'archives cente-

Un procès sans appel

naires. Rahmat savait que les bahaïs d'Iran étaient enviés, jalousés, car leur communauté comptait beaucoup de lettrés et d'hommes de pouvoir, tout en restant humble.

« Nous sommes avant tout des citoyens iraniens, ensuite des disciples du Bab et de Bahaollah. Nous faisons nos prières en persan et nous appelons notre dieu Allah. »

Ce qui gênait les Iraniens, c'était que les bahaïs – et les juifs – participaient parfois trop activement au développement de la vie économique et sociale d'un pays à peine sorti du Moyen Age. L'hôpital Missaghieh, notamment, du nom de son fondateur bahaï, fut pendant des lustres le centre médico-chirurgical le plus moderne de Téhéran et quand, dans les années 60, il fallut le doter des équipements les plus sophistiqués du moment, une fois encore, à l'initiative de Rahmat et de ses amis, une importante collecte fut effectuée parmi les bahaïs du monde entier qui permit de réunir plusieurs millions de dollars, ce que l'État iranien était incapable de faire sur ses propres fonds. Tout ça faisait des envieux. Mieux encore : lorsque l'hôpital eut été entièrement modernisé, il fut remis au shah et au gouvernement iranien comme don de la communauté. Ce fut vers cette époque que des bahaïs commencèrent à graviter autour du Palais avec des fonctions plus ou moins officielles mais toujours importantes. Le

Grandeur et décadence

médecin personnel du shah était un bahaï, son principal conseiller économique également. Certains princes impériaux s'attachèrent leurs services. On les vit présider des banques, des administrations, des cercles, diriger de grandes entreprises, atteindre des niveaux très élevés dans l'enseignement, la médecine, et même dans l'armée.

Plusieurs fois, Rahmat fut contacté pour se présenter aux élections municipales d'abord, législatives ensuite, et bien que la politique l'intéressât et qu'il sût qu'il serait élu sans difficulté, il refusa chaque fois l'honneur qui lui était fait car il se serait mis en contradiction avec sa foi et ses convictions qui interdisaient à un bahaï de faire de la politique. Un de ses tout proches amis avait failli à son devoir et était devenu ministre. Rahmat en fut mortifié, car il dut l'excommunier.

Quand, en octobre 1967, le shah décida, après un règne de plus d'un quart de siècle, de se faire couronner empereur, il fut non seulement aux premières loges de l'événement, mais il participa aux préparatifs de la cérémonie. Sa communauté avait une fois encore financé certaines dépenses jugées extravagantes par un grand nombre de témoins qui estimaient que le pays n'avait pas les moyens de régler de telles factures. Quand la date de l'événement fut arrêtée, il fut question d'inviter en Iran tous les grands de la terre. Comme Darius et Cyrus

Un procès sans appel

qui furent consacrés à Pasargades ou à Persépolis par tous les vassaux de l'Empire, Mohamad Reza Pahlavi souhaita avoir en ce jour de gloire auprès de lui toutes les têtes couronnées du monde. Il fallut déployer des prodiges de diplomatie, auprès du ministre de la cour, d'Amir Abbas Hoveyda, le chef du gouvernement, et auprès du shah enfin, pour dissuader le monarque d'inviter des dizaines de rois, reines, princes et grands-ducs dont la venue aurait fait exploser les caisses d'un État pauvre et endetté. Finalement, la fête fut essentiellement persane et les seuls invités furent l'Agha Khan, la Bégum et le prince Saddruddin, iraniens d'origine.

Le rôle joué par Rahmat dans le couronnement, et l'image qui en fut donnée dans le monde entier à l'initiative du jeune bahaï, le fit nommer dans l'ordre de la Couronne impériale et, peu de temps après, il devint aide de camp du shah. C'était la première fois qu'un adepte de Bahaollah accédait à ce rang. Pendant dix ans, il assuma sa tâche avec empressement, enthousiasme et passion. Quatre ans après le sacre, l'empereur souhaita commémorer les deux mille cinq cents ans de la fondation de l'Empire perse, et Rahmat Daneshvar fut chargé de la préparation de l'événement, avec un groupe de publicitaires et d'hommes d'affaires.

Grandeur et décadence

Pas un voyage en Europe ou ailleurs, pas de vacances, pas de visiteurs de marque en Iran sans que Rahmat fût présent, conseillât le roi, l'informât, le prévînt. Leurs apartés dans un coin d'un salon ou à l'arrière d'un avion étaient célèbres. Bref, tout le monde savait que le shah avait confiance en ce jeune bahaï.

Rares furent les souverains et les chefs d'État absents des fêtes qui eurent lieu à Persépolis pour commémorer l'Empire. Le shah était au faîte de la gloire et, dans l'ombre, le fidèle aide de camp pouvait savourer le triomphe de son roi. Les dépenses avaient été considérables, la jeune shahbanou fêtait à cette occasion son trente-troisième anniversaire, le monde entier avait découvert en trois jours de mondiovision les richesses inestimées d'un pays qui avait grand besoin de devises et de touristes. Rois européens et despotes africains, chefs asiatiques et souverains déchus firent la une des grands magazines internationaux et des écrans de télévision. Rahmat avait gagné son pari : on allait désormais parler de l'Iran.

Deux ans plus tard, ce fut l'extraordinaire boom sur le baril de pétrole et l'Iran devint en une nuit l'un des États les plus riches et les plus courtisés du monde.

Rahmat fut élu chef de sa communauté pour la ville de Téhéran, puis le shah le nomma vice-gouverneur, puis gouverneur de la banque centrale. Il quitta sa belle maison de l'avenue Takhté Jamshid, non loin de l'ambassade américaine, pour se faire construire une splendide villa dans les beaux quartiers de Chemiran, à deux pas du palais d'été.

Mais son élévation dans la vie économique et sociale du pays ne l'empêchait pas de continuer à se consacrer à sa communauté téhéranaise qui avait atteint les cent mille individus, soit le cinquième de la totalité des bahaïs d'Iran. Chaque matin, il se levait avant sa famille et se retirait quelques instants dans une petite pièce pour méditer et lire quelques pages de Bahaollah. Il faisait de même le soir avant de se coucher. Puis plus tard, alors que la terre tremblait déjà en Iran avant l'arrivée de la vague islamiste, quand il fut désigné comme chef suprême de la communauté nationale et qu'il parcourait les neuf cents assemblées bahaïes du pays, il continua à prodiguer la bonne parole, dormant chez les uns à même la terre, réconfortant les autres, parlant, écoutant, prenant des notes. Il avait fait de la phrase du Bab sa devise essentielle :

« Aimer tout le monde sans distinction de race, de religion ni de couleur. »

Sans cesse, il répétait la parole de Bahaollah selon laquelle les bahaïs, où qu'ils soient, quoi qu'ils pensent, devaient obéissance sans condition aux gouvernants. Refusant de faire de la politique, évitant

Grandeur et décadence

de prendre position dans certains débats et votant en leur âme et conscience sans recevoir d'instructions de leurs chefs, les bahaïs eurent toujours beaucoup de mal à faire comprendre aux rois ghadjars comme à leurs successeurs pahlavis, aux révolutionnaires communistes des années 20 comme aux ayatollahs des années 60 et 70, que jamais un bahaï n'avait trahi la parole du Bab et de Bahaollah. Quel que soit le gouvernement en place, ils lui devaient obéissance et fidélité :

« Nous avons souffert sous les anciens rois, puis sous Reza Shah dans les années 30. Nous avons souffert pendant la guerre mondiale et sous Mossadegh. Nous avons eu nos brimades et nos vexations, nos morts et nos martyrs tout au long de ce siècle, mais nous avons toujours accepté les lois en vigueur. Et nous devons continuer à le faire, car telle est notre doctrine. »

Inlassablement, Rahmat veillait à ce qu'il n'y eût pas de relâchement ou de trahison parmi les siens. Les tentations étaient grandes dans ce monde oriental qui s'éveillait lentement aux charmes de la civilisation de consommation.

Après le départ en exil de l'ayatollah Khomeini en Turquie en 1963, puis en Irak l'année suivante, survint un climat de fanatisme religieux. Selon les ordres parvenus de Bagdad, les cibles à abattre étaient essentiellement les juifs, les bahaïs et les corrompus du régime. Bref toute une élite de la nation se sentait en danger et dans la seconde partie des années 70, crimes et persécutions augmentèrent dangereusement.

Avec l'arrivée de milliards de dollars de devises dus au pétrole qui inondèrent les marchés locaux, toute la vie du pays bascula dans la spéculation et l'affairisme. Le relâchement des mœurs qui s'ensuivit choqua les populations les plus modestes, les plus croyantes.

Rahmat s'en ouvrit à Hoveyda, qui avait quitté la tête du gouvernement après douze années de loyaux services pour être nommé ministre de la cour :

« J'ai un mauvais pressentiment... Les gens sont devenus fous, l'argent les fascine, tout cela va mal finir. »

Son ami lui répondit :

« La machine est emballée, les gens ne croient plus en rien, les mosquées sont vides, les mœurs sont dissolues, si on ne se ressaisit pas, on court à la catastrophe ! »

Le chef de la Savak tenta de le rassurer :

« Nous avons les affaires bien en main, ne vous inquiétez pas. »

Et le ministre de l'Intérieur confirma :

« Sa Majesté sait heure par heure ce qui se passe ici. Si l'empereur est calme et détendu, pourquoi ne le seriez-vous pas ? »

Grandeur et décadence

Tout ce joli monde allait de galas en réceptions, de voyages en festivités et pendant ce temps, dans l'ombre, Rahmat sentait que quelque chose se préparait. En trois mois, quatre bahaïs et cinq juifs avaient été égorgés dans leur sommeil, des magasins avaient été pillés ou incendiés et les prêches dans certaines mosquées prenaient un ton révolutionnaire.

Puis survinrent les premières lettres anonymes, d'abord à la banque, puis à son bureau au Palais, enfin à son domicile. Il y eut des coups de fil injurieux la nuit qui traumatisèrent sa famille et bouleversèrent sa femme. On peignait des slogans racistes sur la porte de son garage, on creva les pneus de sa voiture, on bousculait ses enfants dans la rue.

Un matin qu'il était sorti plus tôt que d'habitude, Rahmat se trouva nez à nez avec un individu qui tenait un seau dans une main et un pinceau dans l'autre. L'homme fut surpris et détala à toutes jambes.

Sur le mur de sa propriété, on avait écrit avec deux fautes d'orthographe :

« Sale juif, on aura ta peau »

et un peu plus loin :

« Tu es un corrompu... rends au peuple d'Iran ce que tu lui as volé. »

Rahmat, du mieux qu'il le put, effaça ces menaces car il ne voulait pas que sa famille les vît. Graffitis, étoile de David, croix gammée disparurent. Il n'en parla à personne, mais le coup fut rude.

C'est à cette époque – au printemps 1978 – que l'idée mûrit dans sa tête : il fallait se préparer à quitter le pays, du moins dans un premier temps éloigner sa femme et ses enfants tant que la situation restait violente.

Il en parla un jour à l'ambassadeur américain William Sullivan :

« Ces démonstrations, ces émeutes, ces manifestations de deuil ne vous inquiètent-elles pas ?

– Croyez-nous, monsieur le gouverneur, nous avons la situation parfaitement en main. Nos services font un travail remarquable. Si j'avais la moindre inquiétude, Sa Majesté en serait avisée dans les plus brefs délais...

– Mais pourtant, des Américains ont été assassinés ces derniers temps. N'êtes-vous pas préoccupés ?

– Préoccupés, sans aucun doute, mais nous avons également des morts à déplorer en Turquie, en Grèce, en Italie ou en Allemagne. Ça ne veut pas dire qu'il y ait le feu dans la maison... »

Rahmat n'était pas convaincu. Et avec lui, beaucoup de ses compatriotes. Il n'y avait qu'à observer les transferts de fonds vers l'étranger, les demandes de passeports et de visas pour l'Occident. Même certains princes et conseillers généralement bien informés commençaient à prendre leurs dispositions pour partir.

Grandeur et décadence

Ce fut l'ambassadeur britannique qui lui mit la puce à l'oreille :

« Nos services et le Mossad, pour une fois, sont d'accord : le navire prend l'eau et les rats quittent le navire. La City a constaté ces derniers temps de très importants mouvements de capitaux. Beyrouth est une poudrière, les Russes ont d'importants déplacements de troupes dans le Caucase et en Asie centrale et, plus préoccupant, nous avons été informés que Khomeini souhaitait quitter l'Irak. On parle de l'Algérie ou de la Libye pour l'accueillir. Il a ouvert deux comptes en banque chez nous. Tous les commerçants cotisent et se rallient à sa cause. Pire encore : le shah ne veut pas nous écouter. Je sais qu'il ne nous a jamais beaucoup aimés, mais le temps n'est plus à la rancune... »

Rahmat était effondré. En cet été 1978, comme chaque année, le shah s'apprêtait à partir six semaines pour sa résidence d'été sur la Caspienne ; il n'avait rien changé à ses habitudes. Certains de ses frères et sœurs rejoignaient leurs propriétés du Sud de la France ou de l'Espagne. Tout semblait apparemment normal. Et pourtant, le drame couvait...

L'automne fut tragique. Un cinéma avait été incendié à Abadan, faisant plus de quatre cents victimes. Téhéran était la scène d'émeutes et de mani-

Un procès sans appel

festations violentes. La province suivait et Khomeini était arrivé en France. Rahmat avait expédié Maryam, son épouse, et ses quatre enfants en Europe et y avait transféré toutes ses liquidités.

Une vingtaine de centres bahaïs furent incendiés, quatre fidèles avaient été égorgés dans leur maison avec leurs familles. L'hystérie s'empara de la rue. Même les femmes s'y mettaient, demandant le départ du souverain.

Rahmat réunit dans un appartement du centre-ville les huit autres chefs de la communauté pour ce qui allait être le dernier conseil bahaï avant l'insurrection.

« Je vous le répète, mais je sais que je n'ai pas besoin d'insister : nous devons obéissance à Dieu, mais nous devons aussi obéir au gouvernement, et ce ne sera pas facile. Mais c'est tout à fait essentiel, même si cela va à l'encontre de nos préceptes divins...

– Même si... Sa Majesté venait à partir ? »

Rahmat hésita un court instant et répondit :

« Même si Sa Majesté venait à s'en aller. Enfin, nous ne nous réunirons plus. J'ai reçu les directives du Centre mondial. Plus de réunions, donc. Mais nous continuerons notre œuvre humanitaire et sociale en aidant les humbles et les plus démunis. C'est primordial. Notre mission se poursuit, même si notre route est pleine d'obstacles... »

Grandeur et décadence

Les événements se précipitèrent. A la fin de l'année, le gouvernement fut renversé, Téhéran fut mis à sac, les premiers turbans et les premières barbes firent leur apparition dans les rues. On brûla les portraits du shah et on déboulonna ses statues.

Rahmat gardait la conscience tranquille. Il avait décidé de ne pas quitter le pays avant son roi. Il n'avait rien à se reprocher. Sa famille était à l'abri. Il attendrait dans sa villa la suite des événements.

2

LA RÉVOLUTION

La canonnade durait depuis deux heures et dans les couloirs de la prison de Ghassr régnait une grande agitation. Les trois hommes étaient silencieux et tentaient de percevoir le sens d'un mot ou de quelque bruit leur parvenant de l'extérieur.

Parviz, le général déchu, priait dans un coin. Khosro, le ministre corrompu, essayait d'apercevoir par un carreau crasseux d'où provenait le tumulte qui avait commencé dès l'aurore. Quant à Rahmat, il était assis sur une chaise branlante, le costume fripé et mal rasé.

Les trois hommes se connaissaient bien et avaient gravi côte à côte les échelons du pouvoir impérial. Ils avaient été arrêtés tous les trois en ce début d'année 1979, quand Bakhtyar avait été nommé Premier ministre. Pour donner satisfaction aux exigences de la rue, on avait mis au cachot certains ténors de la vie publique locale, ce qui avait quelque peu calmé les esprits : parmi eux, Amir Abbas Hoveyda, ancien Premier ministre et symbole, aux yeux du peuple, de la corruption et de l'affairisme

Un procès sans appel

avec l'Occident, puis le général Nassiri, inamovible directeur de la très redoutée Savak, la très efficace police politique du shah, et aussi des ministres par dizaines, des parlementaires de tout bord, des officiers généraux, des hauts fonctionnaires, des diplomates, des industriels, des intellectuels, bref une grande partie de la nomenklatura qui avait régné sur l'Empire depuis un quart de siècle.

Rahmat avait été arrêté en pleine nuit, dans sa villa des hauts de Téhéran. Il s'attendait à tout instant à être interpellé, car la radio avait mentionné son nom parmi les suspects. Tiré de son sommeil par six hommes en armes, il s'était retrouvé une heure plus tard au commissariat central de la capitale, les mains entravées, tel un vulgaire criminel de droit commun. Un colonel de police se présenta à lui et lui lut un bref communiqué :

« Vous êtes arrêté pour tentative de conspiration avec une puissance étrangère, détournements de fonds appartenant à l'État, corruption... »

Le monde s'effondrait, il ne rêvait pas. Il venait d'apercevoir à quelques mètres de lui le maire de Téhéran, l'ancien préfet militaire d'Ispahan, le vice-président du Parlement, deux ministres, tous menottes aux mains.

« Mon colonel, je suis Rahmat Daneshvar, l'aide de camp de Sa Majesté, il y a certainement une erreur. »

La révolution

Le militaire l'interrompit :
« Désormais, vous n'êtes plus rien du tout. Sa Majesté n'a plus d'aide de camp, il n'y a plus de privilèges. Le gouvernement a reçu des ordres très stricts du Palais : mettre hors d'état de nuire toute personne susceptible d'entretenir des rapports avec le clergé provocateur et les partisans de Khomeini. En d'autres termes, nous surveillons de très près tous les non-musulmans, et vous en faites partie.
— Mais le ministre de la Cour vous dira qui je suis...
— Je sais qui vous êtes, Excellence, mais j'ai reçu mes instructions et je les appliquerai à la lettre, soyez-en certain. Pour le moment, vous allez rester sous ma surveillance. Quand l'ordre de vous relâcher me parviendra, alors je m'exécuterai immédiatement, soyez-en sûr. »

Rahmat ne devait plus jamais revoir le colonel Hashtroudi : il allait être fusillé dès les premiers jours de la révolution, à peine un mois plus tard.

Le soir même de son arrestation, Rahmat Daneshvar dormit à la prison de Ghassr, dans les faubourgs de la capitale. Durant les promenades dans la cour, matin et soir, il rencontrait tous les personnages importants d'un régime qui s'effritait au fil des jours, surtout depuis que la famille impériale avait quitté le pays. Ils étaient tous là : Hoveyda, Khalatbari, Pakravan, Nahavandi, Nikpey, Azmoun, Entézam, Nassiri, Asfia, l'élite de la nation. Il leur était formellement interdit de se parler, mais les regards furtifs qu'ils échangeaient indiquaient à Rahmat que personne n'en menait large. Comment Bakhtyar en était-il donc arrivé là, lui le laïc, le tolérant, l'humaniste ? Travaillait-il pour Khomeini ? C'était impensable. Manigançait-il quelque chose avec son ami Mehdi Bazargan, comme lui ex-ministre de Mossadegh et qui était allé faire allégeance à Neauphle-le-Château ? Était-il téléguidé par les Américains ? Par les Israéliens ? Aucune réponse ne lui donnait satisfaction.

Et ses deux compagnons de cellule étaient bien incapables de le renseigner.

Soudain, il y eut des cris dans le couloir, des portes claquèrent, des ordres furent donnés, des clefs tournèrent dans la serrure et le lourd battant métallique s'ouvrit.

Un personnage hirsute, mitraillette à la main, leur fit face :

« Sortez, vous êtes libres, le traître Bakhtyar est en fuite... »

D'un bond, Rahmat se retrouva dans le couloir. Des gens couraient dans tous les sens, se bousculaient, hurlaient, tombaient et se faisaient piétiner. Il devait absolument atteindre la sortie. Mais comment y parvenir ?

Il suivit un jeune homme qui apparemment

La révolution

connaissait les lieux. Quelques instants plus tard, il se retrouva dans une cour où grouillait une faune gesticulante et hystérique. Il y eut des coups de feu, quelques cris, des injures, il fut renversé et quand il se releva, le jeune homme avait disparu. Coincé dans une véritable marée humaine, il se laissa porter par le flot, essayant tant bien que mal de rester debout.

Dans cette cohue indescriptible, il avait mieux à faire que de se soucier de son apparence vestimentaire : on lui marchait sur les pieds, le sol était boueux et gras, et il n'avait pas changé de vêtements depuis son incarcération, cinq semaines plus tôt.

Soudain, Rahmat se retrouva sur la grande place, devant l'établissement pénitentiaire. Debout sur le toit d'une voiture, un homme barbu et armé hurlait dans un porte-voix :

« Mes chers frères... vous êtes libres... notre vénéré imam, l'ayatollah Khomeini, qui vient de revenir au pays après un long exil, vous rend ce qui n'aurait jamais dû vous être pris : la liberté ! Vive l'imam Khomeini ! »

Et la foule reprenait en chœur :

« Vive l'imam Khomeini ! »

Et l'homme enchaînait :

« Longue vie à l'imam Khomeini ! »

Et la foule électrisée répondait :

« Longue vie à l'imam Khomeini ! »

Soudain, au milieu de cette populace déchaînée, Rahmat se heurta à Amir Abbas Hoveyda :

Un procès sans appel

« Mais que fais-tu donc là ? » demanda-t-il à l'ancien Premier ministre.

L'homme le serra rapidement dans ses bras et lui dit en français :

« J'ai été arrêté peu de temps après toi et je croupissais en prison depuis une dizaine de jours... Maintenant, je ne sais pas où aller...
— Viens, suis-moi, lui dit Rahmat, on va trouver un moyen de transport. Tu viendras te changer chez moi. C'est tout près. »

Hoveyda lui prit le bras :

« Rahmat, cette foule me fait peur, on va se faire étriper... Mettons-nous sous la protection de la police ou de l'armée... C'est plus prudent.
— Mais il n'y a plus de police, plus d'armée... je t'en supplie, viens avec moi...
— File de ton côté, tu auras plus de chance que moi. Je suis trop connu, n'importe quel type connaît ma tête et serait heureux de faire un carton... Va... va....! »

Ils se quittèrent. Rahmat ne devait plus jamais revoir son ami. Il apprit plus tard que l'ancien Premier ministre avait été arrêté une demi-heure après sa remise en liberté, hurlant dans la foule : « Je suis Hoveyda, reprenez-moi... je suis Hoveyda, je veux retourner en prison pour y être jugé. »

Trois mois plus tard, à l'issue d'une parodie de procès, il fut exécuté après avoir été torturé pendant quarante-huit heures.

La révolution

Rahmat eut soudain très froid. Il soufflait un vent glacé et il n'avait pour tout vêtement qu'un costume de ville et des mocassins qui glissaient sur le sol verglacé. Il héla plusieurs voitures qui l'éclaboussèrent au passage, mais aucune n'allait vers le nord ; toutes descendaient vers la ville dans d'assourdissants concerts de klaxons, arborant sur leurs vitres des portraits tirés à la hâte de l'ayatollah à peine de retour.

Finalement, un taxi collectif s'arrêta et l'embarqua. Arrivé aux grilles de sa villa, il se rendit soudain compte qu'il n'avait aucun argent sur lui. Il sonna à la porte de sa demeure. Personne ne vint lui ouvrir. Il courut chez son voisin, un architecte de renom. Ce dernier entrebâilla sa porte et le regarda avec méfiance.

« Houshang, c'est moi, ils m'ont libéré... Prête-moi cinquante rials pour le taxi, je n'ai rien sur moi. »

Le petit billet bleu changea rapidement de main et une voix dit, avant de repousser vivement le battant :

« Ne rentre pas chez toi... Ta maison est surveillée, ils vont certainement revenir. »

Quand le véhicule fut parti, Rahmat Daneshvar resta planté quelques instants au milieu de la chaussée. Il savait qu'il était épié des villas avoisinantes. Et, surtout, il ne voulait pas se donner en spectacle.

Un procès sans appel

Il se décida à partir, et emprunta un petit chemin qui était à l'opposé de sa maison. Ainsi ses voisins pourraient témoigner qu'il était certes venu, mais qu'il était reparti quelques instants plus tard. Transi, il fit un long détour parmi les villas cossues de cette banlieue résidentielle où habitaient les grands du régime déchu. Il longea les murs pour ne pas se faire remarquer, puis rebroussa chemin par une avenue parallèle. Un quart d'heure plus tard, il se retrouvait derrière sa villa, à la hauteur de son garage. Un rapide coup d'œil aux alentours le réconforta : pas de voiture, pas de policier, aucun passant. Il enjamba le mur de sa propriété et retomba dans la neige de son jardin. A l'abri des arbres, il se dirigea vers sa demeure qui, il y a quelques mois encore, était l'un des hauts lieux de rencontre des Iraniens de la bonne société.

Cette villa, il en avait rêvé pendant des années alors que, frais émoulu d'une université européenne, il vivait avec ses parents et sa jeune femme dans une maison de brique rouge au sein d'un quartier populaire de Téhéran. Mais cette colline de Chemiran l'attirait, à quelques pas du palais impérial, là où vivaient les nantis et les puissants.

Ce fut Houshang qui lui dessina les plans, puis qui fit venir le marbre de Carrare. Cette demeure enfin construite, Rahmat parvint à y inviter un jour l'empereur et son épouse, démarche insensée à

La révolution

l'époque, mais qui le fit définitivement admettre dans le Gotha local. Peu après, le shah le nomma gouverneur de la banque centrale et sa communauté l'installa à la tête des bahaïs de Téhéran. Que pouvait-il souhaiter de plus, l'argent et le pouvoir lui souriaient, les grands marchés internationaux lui étaient acquis, plus rien ne paraissait devoir s'opposer à lui...

Rahmat se dirigea vers la cabane du jardinier. Après avoir rapidement inspecté l'endroit, il s'empara d'un pied-de-biche. Le jour déclinait et il attendit encore un peu avant d'entrer chez lui par effraction.

A tâtons, il pénétra dans son bureau et ouvrit un tiroir. Il y prit une lampe de poche et, furtivement, balaya les murs et les meubles. Tout semblait en place. Il parcourut méthodiquement les autres salles du rez-de-chaussée : deux grands salons, un boudoir, une vaste salle à manger, l'office, le vestibule, les deux cuisines. Tous les meubles étaient en place, les tapis sur le sol, les tableaux aux murs.

La faim le tenaillait. Il se dirigeait vers l'un de ses réfrigérateurs. Il y trouva des provisions. Une heure plus tard, rassasié, il monta à l'étage. Avec prudence, il tira les doubles-rideaux, pour n'être pas vu de l'extérieur. Les cinq chambres à coucher étaient intactes, de même que les salles de bains. Apparemment, rien ne manquait, les placards étaient tou-

Un procès sans appel

jours remplis de vêtements en provenance des meilleurs couturiers et tailleurs d'Europe.

Depuis son arrestation, personne n'était donc venu. Ni les domestiques, ni un parent, ni un voisin. Très las, il s'étendit sur le lit de son plus jeune fils, Shahab, et s'endormit.

Des coups de plus en plus violents martelaient la porte d'entrée. Il bondit hors de son lit et avec d'infinies précautions, il écarta les voilages de la fenêtre. Son cœur battait très fort. Devant la porte se trouvaient deux hommes en civil, et devant la grille, une voiture stationnait. Deux ombres étaient installées à l'intérieur. Les deux personnages sur le perron reculèrent de quelques pas, regardèrent vers les fenêtres du haut, échangèrent quelques mots, puis partirent. Il ne faisait aucun doute que ces gens étaient des policiers et qu'ils avaient forcé la grille d'entrée du jardin. Seuls des policiers, avec ou sans mandat de perquisition, pouvaient aller et venir où ils le souhaitaient, et quand ils le voulaient. Mais de quelle police s'agissait-il et à la solde de qui ?

Il ne faisait aucun doute non plus qu'ils allaient revenir, pas obligatoirement aujourd'hui, mais sachant que Rahmat avait quitté la prison, on le recherchait, soit pour le protéger, soit pour l'arrêter à nouveau, puis le juger et enfin l'abattre.

La révolution

Première chose à faire : éliminer toute trace de son passage. Il refit le lit de son fils, prit une douche et enfila des vêtements chauds. Il passa alors en revue dans sa tête tout ce que la villa pouvait contenir de précieux et de transportable : bijoux, argent, devises, valeurs.

Après s'être alimenté, il remit tout en ordre et tandis qu'il s'apprêtait à téléphoner à un de ses amis, d'autres coups furent assenés sur la porte d'entrée. Son cœur sembla s'arrêter de battre quelques secondes. Là, à moins de dix mètres de lui, des hommes le traquaient, il en avait désormais la certitude. Il les entendait murmurer et saisit des bribes de conversation :

« ... je te dis que ce salaud n'est pas chez lui...
– ... enfonçons la porte...
– ... partons, on reviendra plus tard... Peut-être le voisin s'est-il trompé... »

Quel voisin ? Houshang, son ami de toujours ? Ce n'était pas possible ; tant d'années d'amitié, de complicité, d'estime réciproque ne pouvaient s'effondrer si soudainement parce que deux inconnus frappaient à votre porte et vous questionnaient.

L'ancien ambassadeur qui vivait une retraite paisible depuis dix ans et qu'il saluait chaque matin en allant acheter son journal ? Lui non plus, il ne le soupçonnait pas.

Un procès sans appel

L'homme d'affaires allemand qui écoutait des disques de Wagner tard la nuit comme pour ne pas entendre les *Allah o Akbar* qui montaient vers le ciel dès que le jour tombait? Il le connaissait à peine, tout juste s'étaient-ils salués deux ou trois fois au club de tennis ou dans la rue.

Il fit rapidement le tour de ses autres voisins : la veuve d'un militaire de haut rang, un ingénieur des pétroles et un ancien directeur de la radio-télévision de ce côté de l'avenue, un diplomate américain, un commerçant, un doyen d'université et un médecin de l'autre côté.

A pas de loup, il monta au premier et à travers les rideaux tirés, il regarda où se dirigeaient les policiers. Il eut un choc : les deux visiteurs palabraient avec Houshang. A leurs gestes, il était clair qu'ils voulaient en savoir davantage. L'architecte écartait de temps en temps les bras en signe d'impuissance, faisant comprendre qu'il ne savait rien, qu'il n'avait rien vu. Donc ce n'était pas lui. A la troisième porte, il eut enfin la réponse à sa question : la veuve du général tendait l'index vers la villa de Rahmat et semblait expliquer ce qu'elle avait vu ou entendu. Chaque fois qu'elle désignait la villa, les têtes des deux policiers se tournaient et leurs regards semblaient scruter chaque détail derrière les rideaux tirés. Ce qui intriguait Daneshvar, c'était que cette femme d'une cinquantaine d'années, d'ordinaire si

La révolution

élégante, avait noué un foulard sur sa tête et portait un manteau de méchant drap gris foncé digne d'une domestique et non de la très distinguée veuve que tout le monde saluait avec respect depuis que son mari avait péri en avion. Quelle conversion rapide à l'intégrisme religieux, alors que quelques mois auparavant, l'alcool coulait à flots derrière les portes de cette maison.

Pourquoi elle, se demanda-t-il ? Tant de fois, ils avaient été les uns chez les autres. Du vivant du général, leurs épouses étaient très liées. Leurs enfants avaient grandi ensemble, suivi la même scolarité et commencé leurs études universitaires dans le même établissement. Quand le général s'était tué, Rahmat avait fait porter les plus belles fleurs... Alors pourquoi ?

Il passa en revue toutes les pièces du haut, jeta un nouveau regard furtif vers l'extérieur, parcourut à grandes enjambées les salons du bas, emplit une petite mallette des devises, liasses d'argent et autres valeurs qu'il avait trouvées et s'apprêtait à sortir par la porte de derrière, quand il entendit deux voix de l'autre côté du battant.

Il était coincé. Sa maison était cernée. Avec précaution, il revint sur ses pas et par les interstices des volets clos de la buanderie, il aperçut trois ombres qui battaient la semelle dans la neige, un fusil en bandoulière.

Un procès sans appel

Ça ne faisait aucun doute : d'un instant à l'autre, l'assaut allait être donné à sa maison. Il n'avait plus d'issue possible.

Il retourna vers son salon. Une voiture stationnait devant. Ses occupants attendaient certainement les instructions d'un chef révolutionnaire.

Les nerfs de Rahmat étaient soumis à rude épreuve. Trois fois, il monta à l'étage, parcourut rapidement les chambres du regard afin de voir ce qu'il aurait pu oublier. Il ne voulait laisser aucune trace de son passage et récupérer ce qui pouvait encore être escamoté à ses futurs envahisseurs. Car pour lui, selon toute vraisemblance, la perquisition allait commencer, et sa villa grouillerait de soldats et de policiers.

Un nouveau regard vers l'extérieur le rassura : personne n'était encore sorti de la voiture noire qui se couvrait lentement d'une fine pellicule de neige.

Sans quitter un instant sa précieuse mallette, l'ancien gouverneur de la banque centrale descendit au sous-sol. Soudain il entendit des coups violents contre la porte d'entrée : l'assaut allait être donné.

Il entra dans le local où étaient entreposés de vieilles valises, des bicyclettes, des skis, des centaines d'ouvrages qu'il ne lisait plus, deux armoires bancales, des tapis usagés. Il alluma un instant pour repérer les lieux, puis éteignit rapidement. Il avait remarqué une malle cloutée qui, avec un peu de chance, devait être vide. A tâtons, il se dirigea vers elle. Il enjamba des caisses, se prit les pieds dans un guidon de vélo et atteignit son objectif. La cantine était ouverte et vide.

Tandis que les coups redoublaient de vigueur au-dessus de sa tête, il s'introduisit dans la malle avec son porte-documents et en rabattit lentement le couvercle. C'est à cet instant précis que la porte d'entrée vola en éclats et que des ordres furent aboyés :

« ... regardez partout, en haut, en bas... ne touchez à rien... le chef va arriver... »

Combien étaient-ils ? Certainement une demi-douzaine. Grâce à des bribes de conversation et au va-et-vient dans les étages, il tenta d'imaginer ce qui se passait au-dessus de lui. Pour le moment, la porte qui donnait sur l'arrière de la maison n'avait pas été ouverte.

Pendant une minute ou deux, il n'y eut pas le moindre bruit. Apparemment, tout le monde était en haut à visiter les chambres. Puis des voix s'approchèrent, de plus en plus distinctes :

« Morteza... Morteza, tu m'entends. Je suis dans la cuisine... Si tu as faim, viens par ici ! »

A tout instant, un homme, peut-être deux, allaient débouler au sous-sol et le découvrir. Rahmat avait gardé momentanément la malle entrouverte. Il avait remarqué qu'en rabattant le couvercle, il pouvait le maintenir efficacement fermé en coinçant

Un procès sans appel

deux tiges métalliques qu'il faisait pivoter sur la partie interne de la serrure. Mais combien de minutes parviendrait-il à respirer dans cet espace restreint? Il n'eut pas le temps d'y réfléchir beaucoup : des pas se firent entendre dans l'escalier. De toute évidence, une seule personne descendait les marches. Rahmat savait que l'intrus visiterait d'abord les trois pièces dont les portes étaient ouvertes : les deux caves et la chaufferie. Ensuite, ce serait la chambre des domestiques ou le débarras.

Le couvercle était ouvert d'un tout petit centimètre. Il savait parfaitement où se trouvait le visiteur, il semblait même qu'il le voyait.

« Morteza! Viens voir ici... Viens vite! »

D'autres pas rapides dégringolèrent les marches.

« Viens ici, regarde...

– Le salaud! Qu'est-ce qu'il buvait : champagne, whisky, gin, porto, vins rouges, vins blancs, mais il y en a pour une fortune! »

Rahmat s'enferma dans la malle. Son cœur battit très fort, la porte venait de s'ouvrir.

« Aziz, viens ici, viens vite. »

Il y eut un bref silence, puis la même voix reprit :

« Regarde-moi ça, ces bicyclettes, cette petite moto pour enfant, et tous ces skis, ces chaussures. Et là, ces deux télés. Tout ça dans une cave. Dommage qu'on ne puisse pas se servir, une télé m'aurait fait drôlement plaisir. Et là, regarde ces tapis, et ces meubles!

La révolution

— Ouvrons les valises.
— Mais il n'y a personne dedans, répondit l'autre.
— Tu as raison! Voyons les deux malles. »
Rahmat sentait sa dernière heure venue. La première malle devait être fermée à clé et bien remplie. Mais qu'y avait-il dedans? Il ne s'en souvenait plus.
« Y a pas une clé qui traîne? Et l'autre? »
Rahmat entendait la respiration de l'homme à quelques centimètres de sa tête. On tripota la serrure, on tenta de déplacer la cantine, puis l'homme renonça.
« Elle est fermée aussi et pleine à ras bord. Qu'est-ce qu'elle est lourde! Il faudra le signaler.
— Tu as raison, il faudra le signaler au chef. On reviendra plus tard. »
Puis les pas s'éloignèrent et remontèrent à la cuisine.
« Y a rien en bas, on a tout inspecté. »
Un homme grommela une réponse et le silence se fit. Pouvait-il ouvrir sa cage métallique? Il avait du mal à respirer; ses mains étaient moites et tremblaient tellement qu'il ne put faire fonctionner le petit mécanisme qu'il avait bloqué peu de temps auparavant. Finalement, il y parvint...
Il ouvrit la malle. Une lumière aveuglante le fit cligner des yeux. Les hommes avaient laissé allumé le local, et l'ampoule, qui se trouvait juste au-dessus de sa tête, l'éblouit quelques secondes.

Un procès sans appel

Rahmat souffrait d'un léger début d'ankylose. Complètement recroquevillé sur lui-même, il avait les genoux à la hauteur du menton. Pour le moment, il ne pouvait sortir de sa cache, car d'imperceptibles petits bruits lui confirmaient qu'il y avait encore du monde dans les étages.

Il avait des crampes. Avec d'infinies précautions et avec l'aide de sa seule main dégagée, il prit sa jambe, la tira à lui, la souleva et la détendit vers l'extérieur. Il fit de même avec l'autre puis, lentement, se tourna sur le dos. Tel un mannequin de chiffons, il gisait grotesquement dans la malle dont il avait relevé le couvercle, les deux jambes traînant sur le sol.

La villa était redevenue silencieuse. Rahmat s'était assoupi quelques brefs instants, inconfortablement installé dans sa malle-lit, les membres pendant à l'extérieur. Il avait prié comme il le faisait chaque fois qu'il affrontait un danger ou qu'il avait une décision importante à prendre.

Regardant le plafond de la cave, il s'abandonna à la contemplation, découragé. Le danger semblait évanoui mais l'angoisse demeurait. L'étau se refermait lentement autour de lui. Il était fatigué.

Rahmat se dressa avec d'infinies précautions. L'obscurité avait gagné le sous-sol. Une fois debout,

La révolution

il chercha appui contre un mur ; ses jambes le soutenaient à peine ; il avait froid et il tremblait. La tête lui tournait et il s'assit un instant sur un coffre.

Il se releva, décidé à se constituer prisonnier si quelqu'un se trouvait encore dans la maison. Il monta lentement les marches qui le séparaient du rez-de-chaussée. Tout y était silencieux. Il avança sur la pointe des pieds en direction du premier salon. Il constata qu'il n'y avait personne. Redoublant de précautions, il parcourut les autres pièces. Personne. Tout semblait en ordre, aucun meuble n'avait été renversé, aucun tiroir ouvert.

Il s'approcha d'une des fenêtres. L'avenue dehors était déserte. Tout était blanc ; aucune voiture ne stationnait, apparemment personne ne le guettait.

Rahmat se dirigea vers la cuisine et les pièces de l'arrière. D'un regard furtif il remarqua également que personne ne surveillait sa maison et que les hommes qu'il avait entendus parler quelques heures auparavant avaient disparu.

Se rendre ? Mais se rendre à qui ? Les envahisseurs s'en étaient allés. Aller au commissariat le plus proche et dire au chef de poste : « Je suis M. Daneshvar, je crois que vous me cherchez... vous venez de perquisitionner chez moi, j'étais caché dans une malle dans le sous-sol, je viens me livrer à vous, je me suis échappé de la prison... » Impossible.

Il savait que personne ne reviendrait aujourd'hui.

Un procès sans appel

Il passerait la nuit chez lui et disparaîtrait le lendemain. Où irait-il, chez qui, il avait le temps d'y réfléchir. Pour l'instant, il avait faim et soif.

Pendant plusieurs mois, Rahmat vécut en reclus chez lui. Chaque matin, il était décidé à quitter sa maison pour une retraite plus sûre; et chaque fois, il repoussait l'échéance au lendemain. Il écoutait régulièrement les informations à la radio et dressait la liste de plus en plus longue des personnalités arrêtées ou recherchées. Curieusement, son nom n'était apparu dans aucun communiqué. Il est vrai qu'il n'était pas grand-chose par rapport à ces princes et princesses, Premiers ministres, généraux, ambassadeurs, députés et autres sénateurs en fuite, puis rattrapés.

Mais il savait qu'après cette première liste de très hauts dignitaires de l'Empire, on finirait bien par le rechercher. Ces hommes qui avaient pénétré chez lui étaient en mission. Il devait donc figurer sur un document officiel et intéresser quelqu'un dans le nouveau régime.

Quatre parmi ses amis les plus proches étaient incarcérés et deux d'entre eux étaient bahaïs. Ils se connaissaient depuis très longtemps, s'étaient rendus plusieurs fois ensemble avec leurs familles au temple sacré du mont Carmel, avaient présidé des

La révolution

colloques et des conférences sur le Bab et surtout étaient reconnus parmi la communauté iranienne comme de très généreux bienfaiteurs.

Comme Rahmat, l'un d'eux avait expédié ses proches à l'étranger dès que l'anarchie s'était installée dans le pays à l'automne 1978 et y était resté pour expédier certaines affaires en cours. S'il eut plus de chance que Rahmat en n'étant pas arrêté par la police de Bakhtyar début janvier 1979, il fut interpellé, comme l'annonça la radio, à l'occasion d'une cérémonie religieuse « où des traîtres se réunissaient pour comploter contre l'islam ». Les huit autres membres qui, avec Rahmat, avaient été élus par leurs pairs pour diriger la communauté nationale des bahaïs furent arrêtés les uns après les autres, soit chez eux, soit sur le lieu de leur travail, soit encore au temple de Hazirat-ol-Ghods.

Il ne pouvait pas téléphoner à ses amis; il se savait sur table d'écoute. Il ne pouvait pas se rendre chez eux, car tous habitaient en ville, à une dizaine de kilomètres au sud. Plusieurs fois par jour, le téléphone sonna, mais pas une fois il ne décrocha. Il avait donné des instructions très précises à sa femme et aux autres membres de sa famille pour qu'ils ne l'appellent jamais de l'étranger. Pour toute affaire urgente, la communauté le préviendrait par un moyen ou un autre. Le reste pouvait attendre son arrivée en Occident.

Un procès sans appel

Des amis, en Iran, il ne devait pratiquement plus en avoir. La plupart avaient fui le régime dès le mois de septembre, quand le shah avait décidé de prolonger son séjour sur les bords de la Caspienne. Ses derniers compagnons de route étaient soit en fuite, soit détenus dans une prison. Restaient les autres : les provocateurs, les jaloux, les exclus de la communauté, les sbires du nouveau régime...

Chaque fois qu'une sonnerie retentissait, Rahmat sursautait. Était-ce la porte d'entrée, était-ce le téléphone ? Au moindre klaxon de voiture, à la moindre voix qui lui parvenait de l'extérieur, son cœur battait plus fort.

C'est dans la crainte perpétuelle d'une intrusion par la force, de nuit comme de jour, que Rahmat vécut chez lui comme un paria en sursis. Il s'était très bien organisé et pouvait à tout moment disparaître dans la cave et se dissimuler dans la malle installée au fond du local, dans un coin où elle était peu visible. Un imperceptible chemin entre des valises, des cartons et des boîtes lui permettait de se guider sans bruit et sans heurt quand toutes les lumières étaient éteintes.

Chaque nuit, il entendait des pas, il percevait des voix, mais étaient-ils réels ? Depuis qu'il avait appris l'exécution collective de tous les officiers généraux de la garde impériale, depuis qu'il savait que les jours de son ami Hoveyda étaient comptés, depuis

La révolution

que des salves crépitaient tous les jours dans les cours des casernes ou entre les hauts murs des prisons, il n'avait plus le moindre doute quant à sa survie si jamais on venait un jour ou l'autre à l'arrêter. Les militaires étaient fusillés, les civils pendus.

Il écoutait tous les bulletins d'informations, nationaux et étrangers. Une fois encore, la BBC semblait lui donner les informations les plus crédibles. Désormais, les suppliciés se comptaient par centaines, parmi eux un grand nombre d'amis ou de noms connus. Sa communauté n'était pas épargnée. Les centres bahaïs de Shiraz, Ispahan, Tabriz et bien évidemment de la capitale avaient été envahis, pillés et incendiés. Les huit autres membres du conseil suprême, élus avec lui, avaient disparu dans les geôles islamiques. Étaient-ils encore vivants ? Il en doutait.

Rahmat avait aussi fait élire neuf suppléants pour les remplacer à tout instant. De ceux-là, il n'avait aucune nouvelle. Il en était de même en province, car telle était la volonté de Dieu, et il fallait la respecter.

La nourriture se fit rare. Et Rahmat savait qu'il devait absolument laisser des vivres en évidence, car les policiers enquêtaient même dans les réfrigérateurs et les congélateurs.

Il hésitait toujours à quitter sa maison comme il se refusait à communiquer avec Houshang, dont il

Un procès sans appel

épiait les allées et venues. Il surveillait la veuve du général et les rondes des voitures bourrées d'individus barbus armés et casqués.

Trois fois, des miliciens pénétrèrent chez lui, perquisitionnèrent, mais pas une fois, ils ne descendirent au sous-sol. Il entendit quelques bribes de conversation :

« Il paraît qu'on va transformer cette maison en école coranique...

— Non, je crois qu'un chef religieux va venir s'y installer... »

Il comprenait pourquoi la villa n'avait pas été pillée depuis des semaines : un haut personnage du nouveau régime avait dû l'inspecter aux tout premiers jours de la révolution, un rapide état des lieux avait été effectué et tout y avait été répertorié. Malheur si quelque chose venait à disparaître.

Heureusement, s'était dit Rahmat, que j'ai eu la présence d'esprit de subtiliser la mallette et de la remplir de liquidités et de valeurs. L'objet ne quittait pas la cave, caché sous des chiffons. Lui seul permettrait à l'ancien gouverneur de la banque centrale de survivre quelque temps quand il se déciderait à quitter définitivement cette résidence.

3

LA FUITE

L'autobus surchargé avait atteint Sari, sur l'autre versant de la montagne. L'air y était frais et les premières neiges étaient apparues sur les pentes de l'Alborz. C'était jour de marché et une foule colorée, gesticulante et bruyante vendait ses produits à la clientèle de chaque semaine. Les marchandages allaient bon train.

Rahmat avait quitté Téhéran l'avant-veille et s'était arrêté une nuit à Firouzkouh, dans un relais routier. L'ami qui lui avait fourni un billet à la gare des autocars était certes fiable, mais, par les temps qui couraient, mieux valait se méfier. Il y avait des primes à la délation, des incitations à la dénonciation et les sommes proposées étaient intéressantes, d'autant plus que certains ex-ministres, généraux déchus et tortionnaires de l'ancien régime vivaient dans la clandestinité depuis des mois et tentaient par tous les moyens de fuir le pays. Or les amis se faisaient rares, les portes se refermaient et les gens avaient de plus en plus peur.

Depuis l'assassinat d'Amir Abbas Hoveyda,

Un procès sans appel

l'ancien chef du gouvernement, depuis les exécutions barbares d'un ancien ministre des Affaires étrangères, d'un ex-ambassadeur en France et du maire de Téhéran en avril, c'est par centaines que des hommes, des femmes, des enfants et des vieillards, étaient éliminés, non seulement pour avoir collaboré avec les monarchistes pendant des années, mais aussi pour avoir hébergé quelques heures un fugitif hagard et désemparé.

Les affiches murales, les communiqués à la radio et à la télévision, les encarts dans la presse étaient clairs :

« Toute personne dissimulant un ennemi du peuple est passible des tribunaux... »

« Chaque citoyen a le devoir de dénoncer aux autorités tout individu suspect... »

« Toute collaboration avec un agent de l'étranger est passible de la peine capitale... »

Or Rahmat savait qu'il était considéré comme un agent de l'étranger, par ses activités, ses contacts, sa religion. Tout le désignait comme un coupable exemplaire, au même titre que les hommes d'affaires disparus dans les geôles islamiques et dont les familles étaient sans nouvelles depuis bientôt une année, et ces dizaines de bahaïs fusillés ou pendus devant leurs temples pour la seule raison qu'ils n'étaient pas musulmans.

La fuite

Quand il avait quitté sa villa de Chemiran, il était méconnaissable. Il arborait une barbe de plusieurs semaines, un blue-jean et des baskets, une très vieille chemise et une veste élimée trouvée à la cave. Il s'était coupé les cheveux le plus ras possible et s'était constitué une sorte de sac fourre-tout dans lequel il avait dissimulé ses dernières valeurs. L'été se terminait, l'attention autour de sa maison s'était quelque peu relâchée et il avait profité d'une nuit de pleine lune pour quitter les lieux par la porte de derrière. Il savait qu'il ne reverrait jamais cette demeure.

Trois jours et trois nuits il avait rôdé au nord de la capitale, évitant de se montrer le jour et frappant aux portes d'anciens amis, la nuit. On lui glissait rapidement quelques billets dans la main, avec du pain et des fruits et c'était toujours la même réponse :

« Je ne peux rien faire pour le moment... ma maison est surveillée... je regrette... bonne chance... »

Il comprenait. Il aurait peut-être agi de la même manière. Il n'avait pas honte de mendier. Il dormait dans les cimetières, sur des chantiers désaffectés, derrière des haies. Avant de quitter Chemiran, il avait voulu jeter un dernier regard sur le temple de la communauté, qu'il avait payé de ses deniers dix ans auparavant. Il eut un haut-le-cœur : la petite

Un procès sans appel

bâtisse blanche était noire de suie. Elle avait été incendiée et très certainement pillée. Sur ce qu'il restait de la porte principale, des inscriptions haineuses à la chaux :

« Mort aux traîtres ! »

« Vive l'imam... »

Les larmes lui vinrent aux yeux. Un homme l'interpella. Il sursauta.

« Il y a des salauds qui ont péri dans les flammes quand les gardiens de la révolution y ont mis le feu. J'y étais. »

L'homme semblait fier ; il souriait de ses dents cariées, son visage était banal, un boutiquier qui avait dû avoir son heure de gloire et racontait à tout le monde la même histoire.

« Combien étaient-ils ? se hasarda Rahmat, inquiet.

— Dix ou douze personnes, je crois. Les pasdaran les ont enfermés dans la maison. Il y en a un qui a voulu fuir par une fenêtre, il a été abattu. En cinq minutes, tout avait brûlé. Ils n'ont pas beaucoup crié, car la fumée les a vite étouffés. Ils ont péri asphyxiés. »

Rahmat tenta une autre question :

« Vous les connaissiez ?

— Vous savez, moi, j'ai ma boutique dans la rue d'en bas, et je ne connais pas tout le monde dans le quartier. Mais il y avait un monsieur que je connais-

La fuite

sais. Agé, petit, gros, il avait une turquoise au petit doigt de la main gauche. L'été, il mettait un chapeau de paille. Il me disait qu'il l'avait ramené d'Europe... C'était un brave homme... mais il paraît qu'il complotait contre l'imam... alors, vous comprenez... ces gens-là doivent être éliminés... c'est de la vermine... »

Rahmat était parti, un peu plus voûté. Il savait qu'une douzaine de corps gisaient carbonisés dans ce petit temple et que rien n'avait été fait pour leur donner une sépulture décente. Et parmi eux, celui de Parviz Nowrouzi, un brave homme, rond et spirituel, poète à ses heures, ancien sous-directeur du cadastre de Téhéran, qui portait cette turquoise héritée de son père.

Il n'avait plus rien à faire dans ce pays. Par n'importe quel moyen, il fallait fuir et, résultat des longues réflexions au cours de sa réclusion dans sa villa, il s'était décidé à partir par l'ouest et la Turquie, plutôt que par le sud-est et le Pakistan. Les communautés bahaïes de Ghazvine, de Zanjan, puis de l'Azerbaïdjan lui seraient plus utiles que celles disséminées entre Yazd, Kerman et Zahédan.

Le plus difficile serait de quitter la capitale.

Tous les grands axes du pays étaient surveillés. Tous les aéroports, les gares, les postes-frontières étaient en état d'alerte maximale. Les bruits les plus insensés circulaient : le shah allait faire un

Un procès sans appel

coup d'État avec l'aide des Américains comme en 1953, un général avait massé des troupes en Turquie, un autre en Irak. Des commandos suicides se trouvaient déjà en Iran et nombreux étaient les habitants qui informaient les autorités qu'ils avaient vu des hommes en treillis militaire se poser en parachute dans les montagnes. Malgré la part d'exagération, il était certain que le nouveau régime, rapidement devenu impopulaire parmi les classes aisées de la nation, s'attendait à tout instant à une opération de grande envergure contre le pouvoir religieux. Les Américains étaient encore nombreux dans le pays, ils contrôlaient l'armée et les stations d'écoute installées le long de la frontière soviétique et sur le golfe Persique, et disposaient de plusieurs milliers de conseillers aux quatre coins de l'État.

Rahmat erra longtemps dans les faubourgs sud de Téhéran. Jamais il n'y était allé auparavant. Il avait certes entendu parler de quartiers malfamés, de lieux de débauche, mais jamais il n'avait pensé que la misère et la pauvreté étaient si grandes.

Autour de la gare centrale, des milliers d'Afghans, qui avaient fui le régime communiste dès la chute de la monarchie en 1974 et avaient trouvé de très nombreux emplois en Iran, étaient expulsés en direction de Machad, terminus de la voie ferrée vers l'est. Ils étaient en guenilles et baissaient la tête devant les insultes des gardes qui les surveillaient. Rahmat

La fuite

avait plusieurs fois tenté de monter dans le train de Tabriz, mais les contrôles sur le quai étaient draconiens. Une fois, il était parvenu à se hisser dans un wagon, mais peu de temps avant le départ, un nouveau contrôle inopiné l'avait obligé à descendre à contre-voie.

A la gare routière, c'était la même marée humaine. Des Turcs et des Égyptiens étaient parqués telles des bêtes, expulsés vers l'ouest et victimes d'une révolution qu'ils ne comprenaient pas. Tous les transports avaient été réquisitionnés par les autorités pour se débarrasser de « parasites » comme la radio les appelait et c'était par dizaines que des convois surveillés par des gardiens en armes accompagnaient ces laissés-pour-compte vers leurs pays d'origine.

Finalement, Rahmat parvint à Ghazvine, une bourgade située à 150 km de la capitale, lieu de passage obligé pour se rendre aussi bien sur le Golfe qu'au Kurdistan, ou en Europe.

Il finit par monter dans un autocar bondé qui devait rouler de nuit vers Zanjan et la frontière turque. Harassé, affamé et sale, il s'effondra sur sa banquette. Il fut réveillé par son voisin une fois arrivé à destination.

« Eh, frère, nous sommes arrivés... Réveille-toi... Tout le monde est descendu. »

Rahmat, le pantalon déchiré, les baskets délacées

Un procès sans appel

et le cheveu hirsute, descendit les deux marches du véhicule, son maigre baluchon à la main, quand soudain il se figea d'effroi : devant lui, dans l'aube rougissante, il vit le bâtiment de la gare de Téhéran. Il s'était trompé de direction et avait pris le mauvais autobus ! Tout était à recommencer.

Il erra de longues semaines dans les bas-fonds de la capitale. Il était devenu tellement sale et méconnaissable qu'il n'avait même plus envie de sortir de ce cloaque humain où un sous-prolétariat survivait dans la violence et dans la fange.

Il lui était même arrivé de voler pour manger. Des biscuits, quelques fruits, une tablette de chocolat, et même des lames de rasoir pour éliminer une barbe naissante. Il avait honte d'être tombé si bas, mais comment faire autrement quand on est privé de tout et que l'on veut absolument survivre ?

Des pluies violentes avaient fait leur apparition et avaient changé la poussière en boue. Les nuits étaient fraîches et Rahmat avait épuisé ses dernières économies. Seules lui restaient sa montre et son alliance, auxquelles il accordait un prix inestimable. Jamais il ne s'en séparerait.

Pourtant cette montre n'avait plus aucune valeur sur le marché. Il l'avait achetée alors qu'il était étudiant en Europe, voilà près de trente ans, une Lon-

La fuite

gines sans charme, en acier. Maintes fois il l'avait perdue, puis retrouvée.

Quant à son alliance, échangée en 1955 avec Maryam alors que tous deux étaient à peine sortis de l'adolescence, elle n'avait jamais quitté son doigt. Toutes les valeurs qu'il avait emportées de sa villa de Chemiran avaient été dépensées, les bijoux qu'il y avait trouvés avaient été bradés, les devises changées à vil prix. Pas moyen de faire autrement dans une époque où chacun s'épie, où la dénonciation fait partie des mœurs et où la chasse aux clandestins est encouragée par l'État.

Il finit par trouver un autobus qui allait vers le nord. Il n'avait rien à faire sur les bords de la mer Caspienne, surtout à ce moment de l'année. Mais cette atmosphère faite de peur et de haine l'oppressait de plus en plus et il lui fallait à tout prix quitter la ville. Des occasions s'étaient offertes pour aller à Machad, la grande ville sainte de l'est, proche de l'Afghanistan, mais ensuite où se diriger pour quitter le pays ?

Finalement, il y eut ce transport pour Sari et Babolsar et, grâce à quelques combines, il grimpa dans le véhicule muni de faux papiers. Trois ou quatre barrages routiers et une nuit à Firouzkouh, des repas plus que frugaux pris sur le bord de la route n'entamèrent pas son optimisme. L'essentiel était fait : sortir de Téhéran. Ensuite, il aviserait.

Un procès sans appel

Rahmat eut un haut-le-cœur. Il venait de passer devant les grilles ouvertes de l'ancienne résidence d'été du prince Abdol Reza Pahlavi, certainement la plus belle propriété de l'ancienne famille impériale au bord de la mer.

Rares étaient les privilégiés qui avaient pu pénétrer dans ce très beau domaine où tout avait été importé d'Europe et d'Amérique : marbres italiens, meubles français, circuits électroniques allemands, et des centaines de gadgets américains ou japonais. Des biches et des paons s'y promenaient en liberté, du gazon avait été importé d'Angleterre, bref un véritable paradis que l'élite de Téhéran visitait une fois par an, à la fin de l'été, quand Leurs Altesses regagnaient leur palais de la capitale.

Rahmat n'en crut pas ses yeux : les portails ciselés, dont les arabesques étaient recouvertes de feuilles d'or, avaient été arrachés, les murs immaculés étaient barbouillés de slogans injurieux, des ordures avaient été jetées à l'entrée du parc.

Une voix le tira de sa stupeur :

« Hé, là-bas, mon frère, viens ici ! »

Rahmat se redressa quelque peu et regarda de l'autre côté de la place.

« Moi ?... C'est à moi que tu parles ?

— Oui, à toi... Viens ici ! »

La fuite

L'homme avait une arme en bandoulière et un casque trop grand sur la tête. Rahmat se dirigea vers lui d'une démarche mal assurée.

« Tu n'es pas d'ici, toi... Je ne t'ai jamais vu. »

Il fallait répondre très vite, sans la moindre hésitation.

« Non, non, je ne suis pas d'ici... Je viens d'arriver par l'autocar de Téhéran. Je me rends chez des amis à Racht...

— Mais ce n'est pas la route de Racht, tu t'es trompé.

— Je sais, l'autocar de Racht part demain seulement, alors je suis venu me promener. Je ne connaissais pas le nord... C'est beau, mais c'est froid...

— Tu parles, je suis en poste ici depuis six mois. Je suis originaire de Boushehr, tout en bas sur le Golfe. Alors tu penses, je ne suis pas très heureux ici, surtout les nuits.

— Tu fais ton service militaire?

— Oui, dans quatre mois, j'en aurai terminé. »

Rahmat s'était ragaillardi :

« Mais qu'est-ce que tu fais devant cette porte?

— Je monte la garde. Je veille à ce que personne n'entre, ni ne sorte. »

Comment lui faire comprendre qu'il avait envie de pénétrer dans cette maison, ne serait-ce que quelques instants, pour voir ce qu'il restait de cette

Un procès sans appel

demeure que la shahbanou enviait à sa belle-sœur Parisima ?

« C'est quoi, ici ?

— Je n'en sais trop rien, d'après ce qu'on m'a dit, c'était une des maisons d'été du shah déchu.

— Ah bon, mais j'ai entendu dire autrefois que le shah...

— Il faut dire le shah déchu !

— J'ai entendu dire que le shah déchu avait sa propriété à Ramsar...

— Il n'en avait pas qu'une seule, ce salaud, il en avait des dizaines, un peu partout...

— Ah bon... pour ce que j'en dis... »

Rahmat se pencha un peu vers le parc, comme pour tenter d'apercevoir quelque chose. L'autre intervint.

« Dis, si tu as envie de jeter un coup d'œil rapide, vas-y. Mon chef fait la sieste, il ne sera pas de retour avant deux bonnes heures. Mais fais vite...

— Tu crois que je peux ?

— File, je te dis. »

Daneshvar ne se le fit pas répéter deux fois. Il connaissait les lieux pour y avoir été invité à plusieurs reprises. Il pénétra dans l'immense parc. Plus il avançait, plus sa gorge se serrait. Puis, à un détour, l'horreur : là, à ses pieds, des dizaines de carcasses de chevreuils, de biches, de cerfs et de daims, jetées pêle-mêle les unes sur les autres. Un

La fuite

peu plus loin, trois chevaux gisaient, dévorés par des milliers d'insectes, puis des chiens égorgés, des chats, et encore des paons dont les plumes bleues et dorées scintillaient sous un pâle soleil d'automne.

La belle résidence d'été avait été en partie incendiée; les baies vitrées avaient été brisées, les murs souillés. Tout le mobilier avait été enlevé : tapis précieux, meubles anciens signés, tableaux de maître, tout... même les poignées de portes et les prises électriques avaient disparu. Et sur les murs, toujours les mêmes phrases injurieuses, les mêmes slogans.

« Mort aux traîtres... Mort aux ennemis du peuple... »

« Dieu est grand... Vive Khomeini... »

Trois cadavres d'animaux flottaient le ventre gonflé dans l'eau saumâtre de la piscine. Des dizaines de corbeaux tournoyaient dans les airs, en quête de nourriture.

Soudain Rahmat ne supporta plus la vue de ces horreurs. Il fut pris de vertige et s'assit un court instant à même le sol.

Fin de l'été 1977. Le shah et la shahbanou venaient de faire leur apparition. Ils étaient arrivés par hélicoptère dans l'immense parc de la résidence du prince Abdol Reza. Un orchestre, qui jouait de la musique douce, avait entamé l'hymne impérial.

Un procès sans appel

Deux cents personnes s'étaient figées dans un parfait garde-à-vous. Les plus belles toilettes du monde, les bijoux les plus précieux, les mets les plus fins arrivés de France, attendaient le couple impérial. Altesses et hauts dignitaires, généraux chamarrés et jeunes gens à la mode saluaient respectueusement le couple de souverains. Le shah semblait heureux. Il aimait par-dessus tout ce frère cadet, qui lui ressemblait beaucoup. Il honorait de sa présence annuellement cette fête qui marquait la fin de l'été.

Il passa devant Rahmat Daneshvar :
« Comment allez-vous, Monsieur le Gouverneur ?
— Fort bien, Sire, et Votre Majesté ?
— Venez me voir la semaine prochaine; j'aurai à vous parler. »

Et l'empereur était parti vers ses autres sujets.

Deux ans à peine! L'année suivante, la fête n'avait pas eu lieu. L'insurrection s'était emparée de la capitale, le shah aurait été victime d'un infarctus, du moins c'était la rumeur qui courait et le prince avait préféré passer ses vacances en Europe plutôt que dans sa résidence d'été.

Rahmat avait les larmes aux yeux.

Il regagna à petits pas rapides le portail d'entrée. Le soldat s'était assis sur une borne, jouant avec son arme.

La fuite

« Alors, tu as vu?
— Oui, c'est terrible... Mais ces animaux morts, pourquoi?
— Le nouveau maire de la ville a ordonné leur exécution car les gens avaient faim. Si tu avais vu la chasse, comment elle a été organisée. C'était formidable. J'ai mangé du chevreuil, c'est excellent. »

C'est à Tchalous, trois jours plus tard, que Rahmat se fit interpeller. L'autocar poussif qu'il avait dû attendre à la station de Babolsar était comble. Des gens tentaient même de s'y agripper à l'extérieur et il lui fut impossible de le prendre. Il marcha toute la journée le long de la nationale, qui serpentait entre la mer et la forêt, une route qu'il connaissait bien pour l'avoir prise tant de fois l'été, quand il se rendait avec sa famille dans la propriété de Nowshahr. Il dormit une fois de plus à la belle étoile, sous une couverture sale.

Il prit le bus le lendemain pour l'ouest à Fereydounkenar, dut en descendre à Alamdeh car l'engin d'un autre âge était tombé en panne, et se retrouva le troisième jour à Tchalous. Il avait traversé Nowshahr et n'avait pas reconnu la petite bourgade que lui et les siens appréciaient tant pour les fêtes du Now-Rouz à la fin mars ou pour les vacances de juillet et août. Tout lui sembla soudain à l'abandon. Les

Un procès sans appel

murs de la petite mairie étaient recouverts d'inscriptions et de portraits religieux. Un des hôtels avait été converti en centre d'accueil populaire, et une file de plusieurs centaines de personnes de tous âges stationnait devant la porte principale. Un peu plus loin, le casino avait été détruit. Rahmat préféra ne pas savoir ce qu'était devenue sa villa, construite à l'écart de la ville, accrochée aux derniers contreforts de la montagne, en lisière de forêt et face à la mer.

« Tout le monde descend, hurla un sergent qui portait une barbe d'une semaine. Ya Allah! plus vite! »

Les uns après les autres, les voyageurs sortirent de l'autocar et se mirent en rang le long de l'engin.

« Laissez vos affaires à l'intérieur... C'est juste un simple contrôle d'identité... »

Rahmat avait de faux papiers sur lui. Il se les était procurés devant la gare de Téhéran. Il s'appelait depuis quelque temps Rouhollah Kermani, avait cinquante-deux ans, était originaire d'Ispahan, et avait soi-disant travaillé dans une fabrique de tissus de la capitale.

« Où allez-vous, dans cet accoutrement ?
— J'ai un frère qui travaille dans les pêcheries de Chilat, à Pahlavi, et j'essaie de le rejoindre. »

Rahmat ne vit pas le coup arriver. Il tomba à la renverse et tandis qu'il essayait de se relever, un autre coup l'expédia une nouvelle fois à terre.

La fuite

« Salopard de royaliste... tu viens de te dénoncer... Soldat! hurla le sergent à un militaire, arrête cet homme pour trahison...

— Mais je ne comprends pas, sergent, murmura Rahmat en se remettant debout. Qu'ai-je donc fait ? »

Le gradé leva le bras, mais le baissa aussitôt à la vue d'un lieutenant qui approchait.

« Alors, sergent, que se passe-t-il ? »

L'homme se mit au garde-à-vous et salua impeccablement le jeune officier qui venait de faire son apparition.

« Mon lieutenant, cet individu vient de prononcer le nom du shah déchu et j'ai estimé qu'il trahissait l'État et notre cher imam...

— Pourquoi a-t-il prononcé ce nom ?

— Je lui demandais où il se rendait avec ce bus. Il m'a répondu qu'il allait chez son frère, à... à...

— Où, sergent ? »

L'homme hésita un instant puis balbutia :

« Aux usines de pêcherie de Chilat, à... Pahlavi.

— Eh bien, vous voyez, vous le dites également... (Puis se tournant vers Rahmat :) Peut-être n'êtes-vous pas au courant, mais cette ville a changé de nom et a repris son véritable nom : Enzéli. Mettez-vous-le bien dans la tête.

— Oui, lieutenant, répondit Rahmat.

— Vous vous appelez comment déjà ?

Un procès sans appel

— Kermani... Rouhollah Kermani, lieutenant.
— Quel beau prénom, et comme il doit être difficile de le porter aujourd'hui, vu que c'est celui de notre imam. Vous avez des papiers ? »

Rahmat lui tendit sa carte d'identité. L'homme la scruta avec intérêt.

« Vous êtes quand même mieux sur cette photo qu'au naturel... Vous avez bien maigri.

— La vie dans la capitale est devenue très difficile. Des usines, dont la mienne, ont dû fermer. C'est la raison pour laquelle j'ai pensé venir retrouver mon frère aîné Loftollah. Peut-être y a-t-il du travail par ici, du moins, je l'espère. »

Une demi-heure plus tard, le car roulait vers l'ouest. Personne n'avait été arrêté. Le voyage se poursuivit dans un silence rompu de temps à autre par le cri de quelques volailles. Les noms des bourgades à la mode de l'Empire déchu défilaient devant les yeux de Rahmat. Que de souvenirs, que de journées agréables il avait passées ces dix dernières années à Shah-Savar, à Ramsar, et plus haut dans les montagnes à Kalardacht, avec le shah et ses familiers. La nature en cet automne précoce était belle et les vêtements des femmes dans les champs toujours aussi chatoyants. Seuls les bourgs et les villages avaient été endommagés, comme si soudain les religieux, qui sillonnaient le pays de long en large, avaient exigé qu'on barbouillât les murs et les portes

La fuite

de graffitis et de portraits, de slogans et d'affiches révolutionnaires qui jaunissaient au soleil, étaient arrachés par le vent et se décoloraient sous la pluie. On ne ramassait plus les ordures, papiers gras et boîtes de conserves jonchaient les rues. Des enfants en haillons et des vieillards en loques faisaient leur apparition dans la région la plus riche et la plus privilégiée de l'Iran.

La nuit était tombée depuis longtemps quand le véhicule s'immobilisa devant la gare routière d'Enzéli. De tout temps, cette bourgade avait senti le poisson. Toute la cité vivait depuis des décennies de la transformation des œufs d'esturgeon en caviar, et cette odeur s'était infiltrée partout : dans les maisons, sur les vêtements, collant au corps et sur les billets de banque. Rahmat n'avait jamais apprécié ces petites perles grises dont le monde raffolait et qui atteignaient à l'autre bout de la planète des prix prohibitifs. Enzéli, ex-Pahlavi, mais initialement appelée Enzéli du temps du tsar, avait été bâtie par des industriels russes qui avaient fait fortune dans les pêcheries. La compagnie de Chilat faisait travailler tout le monde et on venait de plusieurs dizaines de kilomètres à la ronde pour obtenir un modeste salaire.

Rahmat connaissait bien les pêcheries. Il se dirigea vers les bâtiments qui se dressaient en bordure de mer. L'odeur devenait de plus en plus âcre et le

Un procès sans appel

bruit de la lourde machinerie qui fonctionnait nuit et jour lui fit comprendre que la société, bien que islamisée, fonctionnait comme autrefois. Une tonne de caviar s'y traitait chaque jour ouvrable et c'était par dizaines de milliers que les petites boîtes bleues et rondes partaient vers les quatre coins du monde.

Il s'arrêta devant l'usine principale; quelques hommes y stationnaient, discutant à voix basse. Ils attendaient l'embauche du lendemain.

« Il y a du travail, par ici ? »

Les hommes se turent et le regardèrent avec suspicion.

« Tu viens d'où ? demanda l'un.

— Je viens d'arriver de Téhéran. On m'a dit qu'il y avait du travail par ici. »

Ils se mirent à rire :

« Du travail ? Ils nous foutent à la porte... Après dix, quinze ou vingt ans, ils nous chassent. Le régime ne veut plus de cette usine, qui profite aux étrangers et pas aux Iraniens. Ils comptent fermer au printemps prochain... La production a baissé depuis six mois, on exporte moitié moins que l'année dernière...

— Mais que faites-vous alors, s'il n'y a plus de travail ?...

— Parfois, ils embauchent pour deux ou trois jours, en fonction de l'offre et de la demande, alors nous attendons. Ça fait une semaine que nous sommes ici...

La fuite

— Et dans le thé ?
— Thé, sucre, blé, archicomplet et ça ne paie plus. Qu'est-ce que tu sais faire ?
— Je travaillais dans un bureau, je sais lire, écrire et compter...
— Rien pour toi, par ici ; ici, il faut des bras, une bonne santé et être natif de la région...
— ... et connaître un mollah », ajouta, rigolard, un autre.

Rahmat ne sut plus quoi dire. Les hommes avaient repris leur conversation à voix basse. Soudain l'un d'entre eux lui demanda :

« Tu sais où dormir ?
— Non, pas du tout, je ne connais personne par ici.
— Attends encore un peu... Tu viendras chez moi... J'attends mon jeune frère qui doit sortir à minuit... La maison est modeste, mais tu pourras dormir et te restaurer... »

Ces pauvres gens, se dit Rahmat, ils n'ont rien, et pourtant ils sont accueillants ! Jamais les privilégiés de son milieu ne lui auraient fait une telle proposition.

Ce fut par un violent coup de pied dans les côtes qu'il fut réveillé le lendemain matin. Quatre personnages qu'il n'avait jamais vus se tenaient devant lui, tous armés :

Un procès sans appel

« Debout, bâtard... plus vite ! »

Rahmat, malgré la douleur, se redressa comme il put. Au fond de la petite pièce se tenait un religieux ; l'ami de rencontre de la veille était à ses côtés. Un nouveau coup de crosse violemment assené dans le bas du dos le fit tomber aux pieds du mollah.

« Debout, salopard ! »

Rahmat était terrorisé : il se trouvait devant un commissaire politique, cette nouvelle race de citoyens à la solde du régime, enturbannée depuis peu et qui épouvantait la population.

L'homme qui le regardait sans mot dire devait avoir la trentaine. Le visage lisse, la peau claire, de fines lunettes légèrement teintées, il avait plutôt l'air d'un étudiant attardé ou d'un employé aux écritures dans une administration provinciale. Le « tasbi » (moulin à prières) à la main, il semblait vaguement lui sourire.

Rahmat se tint le plus droit qu'il put, essayant maladroitement de fermer le col de sa chemise trop large pour lui. Il y eut un court silence, et le religieux questionna :

« Comment t'appelles-tu ? »

La voix était douce, le débit lent.

« Kermani... Rouhollah Kermani...

— Je te le demande encore une fois : comment t'appelles-tu ? »

La sueur commença à perler du front de Rahmat.

La fuite

Il marqua un temps, regarda son compagnon de la veille et répondit :

« Rouhollah Kermani... Voulez-vous voir mes papiers ? »

Le religieux fit un imperceptible signe de la tête à l'un de ses comparses et, au même moment, un objet s'abattit sur l'arrière du crâne de Daneshvar. Il bascula en avant aux pieds du mollah. Ce dernier ne bougea pas.

« Relevez-le », ordonna-t-il.

Quatre mains agrippèrent le malheureux qui ne parvenait pas à tenir debout.

« Je te pose la question pour la dernière fois : comment t'appelles-tu ? Je ne te demande pas comment tu te fais appeler, mais comment tu t'appelles. »

Rahmat ne put articuler le moindre mot. La douleur à la base de sa nuque était si intense qu'il n'avait toujours pas retrouvé ses esprits. Tout tournait autour de lui ; les visages qui lui faisaient face étaient flous, il n'entendait plus rien, sa tête était devenue lourde.

Il s'évanouit.

Quand il se réveilla, il gisait dans une cellule nauséabonde. Une écuelle et un broc renversé étaient posés sur une table branlante. Le lit de camp duquel

Un procès sans appel

il avait dû tomber penchait vers l'avant et les ressorts en étaient rouillés. Aucun bruit ne lui parvenait de l'extérieur. Il tenta de se relever mais n'y parvint pas. Tout son dos lui faisait mal, sa nuque l'élançait et sa mâchoire semblait brisée. Il rampa vers la table et s'y agrippa; elle céda et se brisa. A cet instant, la porte s'ouvrit et un gardien aboya :

« Qu'est-ce qu'il se passe ici ? Qu'est-ce que tu fais par terre ? »

Rahmat essaya de se retourner, mais n'y parvint pas.

« Chef! Chef! venez voir... Le prisonnier casse son matériel... Venez vite! »

Trois hommes pénétrèrent dans la cellule. Le responsable s'avança de trois pas et, sans poser la moindre question, donna un brutal coup de pied dans le dos du prisonnier. Rahmat hurla sous la douleur et ne bougea plus.

« Debout, mécréant... Je vais t'apprendre à casser le matériel de l'État... Debout, j'ai dit! »

Rahmat, inconscient, demeurait inanimé. Deux hommes le saisirent par les épaules et par les pieds et le jetèrent sur le lit. Un faible râle sortait des lèvres du prisonnier, il hoquetait, comme s'il avait du mal à respirer.

« Parle plus fort... Je ne te comprends pas, aboya l'un des cerbères.

— Je ne comprends pas ce qu'il veut dire, chef, ajouta l'autre.

La fuite

— Laissons-le mijoter jusqu'à demain. Pas d'eau, pas de nourriture sans un ordre écrit de ma part. C'est bien compris ? »

Rahmat était assis sur un tabouret. Il pouvait s'appuyer contre le mur de la pièce, mais le moindre contact de son corps avec un dossier provoquait en lui comme des centaines de volts de décharge le long de la colonne vertébrale. Ses pieds étaient enflés, les doigts de ses mains semblaient brisés, son visage était boursouflé et son bas-ventre l'avait empêché de dormir tellement les coups qu'il avait encaissés lui faisaient mal.

Légèrement penché en avant, regardant fixement le sol, il pensa tout d'un coup à Maryam, son épouse, et à ses deux derniers enfants qu'il n'avait pas revus depuis bientôt un an, et dont il était sans nouvelles.

Où était-elle en ce moment ? Chez qui ? Que faisait-elle ? La reverrait-il un jour ? Priait-elle plusieurs fois par jour comme elle le lui avait promis ? Gardait-elle espoir, alors que tout espoir semblait l'abandonner ?

Ils étaient venus en voyage de noces dans cette belle région du Nord du pays des années plus tôt. Ils aimaient cet endroit privilégié, si vert, si parfumé, où les gens semblaient heureux de vivre. Ils aimaient l'accent bizarre des paysans du coin, qui faisait sourire tout le pays.

Un procès sans appel

Un coup porté sur l'épaule lui fit comprendre qu'il devait se lever.

« Aidez-moi, s'il vous plaît... »

Un religieux lui faisait face, entre deux âges, la barbe fournie, le turban blanc. Deux civils l'entouraient. La pièce était petite et mal éclairée. Une dizaine de personnes s'y trouvaient, pas une seule femme.

Un homme, assis dans un coin de la chambre, se leva et lut un texte :

« La séance du tribunal révolutionnaire d'Enzéli, dirigée par le juge islamique Karim Boghrati, est ouverte. »

Il y eut une incantation, une prière collective, quelques louanges au Tout-Puissant et tout le monde s'assit. Rahmat était installé au fond de la salle. Trois autres prévenus étaient assis devant lui, pieds et mains entravés par des chaînes. Leurs cas furent expédiés rapidement : c'étaient des voleurs, des escrocs de bas étage qui avaient profité de l'anarchie qui sévissait dans la région pour cambrioler une agence bancaire et un bureau de poste. Trois ans ferme et les trois condamnés furent traînés hors de la salle par des hommes de main.

« Toi, là-bas, au fond de la salle, viens ici... »

Rahmat avança à très petits pas vers le procureur, soutenu par un garde.

La fuite

« Toi, ton cas semble beaucoup plus intéressant. Alors, commençons par le commencement. Nom, prénom, âge, adresse, profession ! »

Le prisonnier se raidit un peu, pour se donner une contenance, leva la tête et regarda pour la première fois dans les yeux son interrogateur. Un léger doute l'envahit.

« Rouhollah Kermani. »

Le silence dura une dizaine de secondes. Rahmat savait que, à tout instant, il pouvait à nouveau être frappé par-derrière, tomber, perdre connaissance.

« Je n'aurai certainement pas la patience de mon collègue qui t'a déjà interrogé lors de ton arrestation. Je te prie donc pour la dernière fois de me dire ton nom, ton véritable nom, celui que tu portes depuis que tu es né, celui que tu as donné à ta femme et à tes enfants, le nom que t'ont légué tes parents... As-tu bien compris ce que je t'ai dit ? »

Plus Rahmat regardait cet homme qui lui faisait face, plus il avait le sentiment de l'avoir déjà vu. Mais où et quand ? Et que répondre ? la vérité et c'était immédiatement le poteau d'exécution ! Mentir et c'étaient de nouvelles tortures ! Rester muet et les coups continueraient à pleuvoir !

« J'attends ta réponse... Ya Allah ! Plus vite... je n'ai pas que ça à faire... Il y a d'autres individus de ton espèce qui attendent...

Un procès sans appel

« — Rouhollah Kermani... J'ai cinquante-deux ans, je viens de Téhéran et je... »
Rahmat n'eut pas le temps de terminer sa phrase. Le coup avait été porté par-derrière avec une rare violence; il s'effondra au pied de l'estrade.

4

LE MARCHANDAGE

La cellule obscure et humide sentait l'urine. Pour toute nourriture depuis de longues heures, Rahmat n'avait reçu qu'un verre de lait au goût aigre, un morceau de pain rassis et une pomme. Il n'avait pas faim. Depuis quarante-huit heures qu'il avait été arrêté, il essayait de comprendre ce qui lui était arrivé. Sans aucun doute, il avait été reconnu et dénoncé, malgré son accoutrement, sa barbe et sa chevelure hirsutes. Mais par qui ? Il revoyait les visages des personnes rencontrées depuis son arrivée au bord de la mer : le soldat en faction devant la villa du prince, le militaire lors de l'inspection de l'autocar, les ouvriers devant l'usine de caviar.

Qui avait bien pu le dénoncer ?

Il attendit la réponse à sa question toute la journée.

Des bruits de pas dans le couloir le tirèrent de ses réflexions ; la serrure fonctionna et la porte s'ouvrit. Une silhouette apparut dans la lumière.

« Lève-toi... Le chef veut te voir... »

Le prisonnier se redressa **tant bien que mal**, se

protégeant les yeux avec ses mains, tant l'éclairage au néon l'aveuglait, et avança à la suite de son geôlier. Ce dernier n'était pas armé et semblait bien jeune pour surveiller des hommes d'âge mûr.

Un court instant, il pensa le bousculer et s'enfuir très vite. Mais où ? Il ne savait même pas où il était. Mieux valait attendre un moment plus propice. Il n'était encore que suspect. Peut-être allait-on le libérer, pourquoi pas ?

« Par ici... Presse un peu le pas. »

Ils entrèrent dans une petite salle. La fenêtre n'avait pas de barreaux et donnait sur la montagne. Il avait dû neiger pendant la nuit car la cime blanche scintillait dans le soleil couchant.

Le même religieux qui avait mené les interrogatoires quelques heures auparavant entra. D'un geste de la main, il renvoya le garçon et referma la porte derrière lui. L'homme avait un dossier sous le bras et le posa sur une table. Avec une voix plus douce et plus respectueuse, il pria l'ancien gouverneur de s'asseoir. Le tutoiement avait disparu. Rahmat ne s'en étonna même pas.

« Veuillez me décliner une fois encore votre identité... Je ne l'ai pas très bien retenue.

— Kermani... Rouhollah Kermani. »

L'homme ne dit rien. Il feuilletait son dossier, comme s'il cherchait un document particulier.

« Kermani, vous dites... Comme c'est intéressant...

Le marchandage

J'ai connu un Kermani autrefois, comment s'appelait-il déjà ? Voyons ? Hassan ou Hossein Kermani, ça ne vous dit rien ? Ce ne serait pas un de vos parents ? »

Rahmat regardait intensément l'homme qui lui faisait face. Et plus il le regardait, plus il semblait le connaître. Où donc l'avait-il vu ?

« Je ne sais pas... C'est un nom tellement courant... Un de mes cousins s'appelle Hassan-Ali, peut-être est-ce lui ? »

L'homme au turban blanc ne dit rien. Il avait trouvé son document et le regardait avec un sourire moqueur. C'était de toute évidence une photographie. Un sentiment d'angoisse envahit le prisonnier. Il n'avait pas été pris en photo depuis la révolution. Ce ne pouvait être qu'un cliché de naguère ! Le silence et le regard figé de son interrogateur l'indisposèrent. Il se mit à transpirer et à se sentir très mal à l'aise.

« Monsieur Kermani, reconnaissez-vous des personnes sur ce document ?... Prenez votre temps et dites-moi leurs noms au fur et à mesure... »

Rahmat prit le cliché entre ses mains. Son cœur aurait pu exploser tant il battait fort. Il fut parcouru d'un imperceptible tremblement, son front ruisselait et sa gorge était nouée ; il savait que l'homme le regardait, mais il n'osa lever son regard vers lui.

« Eh bien, je reconnais évidemment le shah...

Un procès sans appel

— Le shah déchu, Monsieur Kermani... vous savez bien qu'il faut dire le shah déchu...
— Oui, veuillez me pardonner : il y a donc le shah déchu, son épouse, l'ancien Premier ministre Amir Abbas Hoveyda, un autre ancien Premier ministre Assadollah Alam, le général Ayadi, médecin du shah déchu, et un ou deux autres personnages que je ne reconnais pas.
— Vous ne trouvez pas étonnant, Monsieur Kermani, qu'un simple et modeste citoyen comme vous puisse reconnaître si rapidement des anciens ministres ? »

Rahmat bafouilla :

« On les voyait tous les jours dans les journaux, à la télévision, ils étaient en place depuis tant d'années que leurs visages nous étaient familiers... »

Le religieux l'interrompit brusquement :

« Justement, est-ce qu'il n'y a pas d'autres visages qui vous soient familiers ? »

Rahmat reconnut, en plus de lui-même, les deux mains croisées sur le veston, un autre aide de camp du shah, le ministre de la Cour, le général de la garde impériale, le gendre du souverain, le patron de la sécurité de l'État et le chef de l'état-major, avec une ou deux dames à l'arrière-plan.

« Non, je ne pense reconnaître personne d'autre...
— Regardez bien... Prenez votre temps... Je n'ai rien d'autre à faire...

Le marchandage

— Je... je... je ne vois personne d'autre... Pourquoi me demandez-vous ça?
— Tout simplement parce que je sais que vous en connaissez d'autres, et vous savez que je le sais. »
Rahmat regarda le religieux. Mais qui était-il? Où l'avait-il vu? A Téhéran, ici sur les bords de la Caspienne quand il venait en vacances, mais où?
L'homme continuait à sourire. Il avait sorti une cigarette, l'avait allumée et dévisageait son prisonnier entre deux volutes de fumée.
« A droite, juste à côté du général Nassiri, avec un costume clair, vous ne le reconnaissez pas? »
L'ancien aide de camp du shah eut un léger vertige, mais se reprit. Il tenta de balbutier quelques mots, mais aucun son ne sortit de ses lèvres entrouvertes. L'homme au costume clair, c'était lui, à l'occasion d'une réception, des années plus tôt, au palais d'été.
Mais comment donc cette photographie était-elle parvenue dans les mains de ce mollah de province?
« Vous voulez que je vous aide? »
Rahmat fit un signe de la tête. Tout semblait chavirer autour de lui. Le religieux lui parut devenir soudain flou, la voix de l'homme résonnait dans son crâne comme un marteau qui cognait sur chacun des mots.
« Vous voulez que je vous aide, Monsieur Kermani? Retournez le document et lisez ce qui est inscrit derrière. »

Un procès sans appel

Il s'exécuta lentement, tout en jetant un bref regard à l'homme qui continuait de sourire. Son cœur battit très fort quand il reconnut sa propre écriture. Trois lignes étaient inscrites, calligraphiées. Il était pétrifié, incapable de la moindre réaction.

« Monsieur Kermani, voulez-vous me lire ces quelques mots, s'il vous plaît ? »

Rahmat s'exécuta, tel un automate qui ne comprenait plus ce qu'il faisait.

« *A mon cher et dévoué Karim Boghrati, qui a tant fait pour ma famille. Avec toute mon estime et toute ma confiance. Rahmat Daneshvar. A Ramsar, l'été 1976.* »

L'homme qui tirait sur sa cigarette regarda le prisonnier. Puis il rompit le silence :

« Vous me reconnaissez, Monsieur Daneshvar ? »

L'autre leva les yeux, et murmura :

« Vous êtes Monsieur Boghrati ?

— Oui, je suis Karim Boghrati. J'ai beaucoup changé, n'est-ce pas ? Mais vous aussi, Excellence, car vous êtes bien Rahmat Daneshvar ? »

L'ancien gouverneur de la banque centrale d'Iran ne répondit pas. Il avait devant lui son ancien métayer, son homme de confiance pour sa propriété d'été de Nowshahr qui savait tout de lui. Le père de Boghrati avait travaillé pour lui, puis deux de ses frères. Seul Karim était resté sur le domaine et y

Le marchandage

habitait en permanence. Plusieurs fois il était venu à Téhéran voir son patron, pour l'entretenir de l'état des fermages, des réparations à y effectuer. Rahmat appréciait cet homme dur au mal et jamais fatigué. Il lui donnait une bonne gratification, lui remettait les vêtements que lui et sa famille ne portaient plus, lui avait installé la télévision, lui avait offert une voiture pour ses déplacements dans la région, et avait tenu à ce que Karim et les siens aient une éducation décente et ne manquent de rien. La dernière fois qu'il avait vu son métayer, le climat avait commencé à se dégrader et des comités révolutionnaires se propageaient un peu partout. Les premiers pillards avaient fait leur apparition, des coups de feu avaient été tirés et pour préserver le bien de son maître, Karim avait décidé d'investir la maison domaniale et de s'y installer au nom de la révolution. Rahmat avait accepté.

« Mais cette tenue, Karim ? ... je veux dire Monsieur Boghrati... pourquoi cette tenue religieuse ?

— C'est vous, Excellence, qui me l'avez en quelque sorte suggérée. »

Rahmat ne comprenait plus. Tout allait trop vite en ce moment.

« Rappelez-vous quand vous me disiez autrefois que croire en Dieu avec plus de ferveur dans les instants difficiles était d'un grand soulagement. Combien de fois m'avez-vous répété cette phrase :

prie et remercie le Tout-Puissant. Il est le même pour tous. Vous vous en souvenez ? »

Il se souvenait d'avoir plusieurs fois parlé à son métayer de sa religion, différente de celle des musulmans, mais qui prescrit la paix et l'amour entre les hommes. Il lui avait expliqué quelles nuances subsistent entre l'islam et le bahaïsme : chez les uns, il y a un clergé, des mosquées, des ornements, et chez les autres seulement des lieux de réunion et de méditation, des personnes en civil et des dialogues entre pratiquants. Karim l'avait même suivi un jour à une réunion et le jeune homme en était ressorti intrigué et lui avait posé beaucoup de questions.

« Vous croyez donc en Mahomet ?

— Naturellement, et nous le considérons comme un des plus grands hommes que la terre ait jamais portés. Il fut bon, généreux et très pieux, mais nous ne faisons aucune différence entre ton prophète, et celui des chrétiens, des juifs ou des bouddhistes. Nous les prions et les respectons également. »

Karim était resté perplexe à l'époque. L'était-il encore aujourd'hui ?

« Ma famille et moi-même vous devons beaucoup, Excellence, et si, à l'époque, vous et les vôtres m'avez permis de devenir quelqu'un, d'apprendre à lire, à écrire, à calculer, et d'acquérir un savoir que j'ai transmis à mes enfants, je pense qu'il est aujourd'hui de mon devoir de tenter de vous sauver.

Le marchandage

Vous êtes recherché depuis des mois, nous le savons tous les deux et votre tête est mise à prix. J'ai essayé plusieurs fois de vous joindre l'hiver dernier, je suis venu à Téhéran, j'ai sonné chez vous, votre voisin, l'architecte, m'a fait comprendre que vous aviez été arrêté. J'ai également appris que votre famille était partie à l'étranger et depuis que les événements de bahman (février) se sont déroulés et que les prisons se sont vidées, j'avais la certitude que vous viendriez vous cacher par ici. Si vous étiez venu plus tôt, les choses auraient été plus faciles. Aujourd'hui, votre photo est partout, dans les commissariats et les préfectures, avec ordre de vous prendre, plutôt vif que mort. Je crois savoir qu'on vous estime à environ cinq millions de tomans, mais avec les événements qui se passent en ce moment à Téhéran, il n'est pas impossible que vous valiez davantage encore...

– Quels événements?

– Hier matin, des centaines d'étudiants islamiques ont pénétré dans l'ambassade américaine et y ont fait beaucoup de prisonniers.

– Et l'ambassadeur, qu'en ont-ils fait? »

Rahmat Daneshvar était très lié à William Sullivan et à son épouse. Ils l'avaient maintes fois invité à la villa de Nowshahr.

« Il n'est pas parmi les prisonniers, il devait être à l'étranger. Mais tous les autres, près de cent personnes, ont été montrés à la télévision ce matin, les

Un procès sans appel

yeux bandés, les mains liées derrière le dos, la tête basse. »

L'ancien gouverneur était bouleversé. Même sous les gouvernements de Mossadegh, au début des années 50, alors que les relations étaient au pire avec l'Angleterre, on n'avait pas osé pénétrer dans l'ambassade. Certes, des manifestations violentes, rapidement réprimées par la police, avaient de tout temps eu lieu devant des ambassades dites hostiles aux intérêts du pays, mais personne n'en avait jamais forcé les grilles.

Karim Boghrati en était à sa troisième cigarette. Il regardait son ancien patron, abattu et désemparé. A cet instant précis, il aurait pu tout exiger de lui; l'autre aurait accepté sans mot dire. Et pourtant, le religieux ne profita pas de la situation. Il n'avait aucune haine contre cet ancien nanti, il éprouvait même un peu de compassion.

« Monsieur Daneshvar, nous avons un problème tous les deux, vous ne croyez pas? »

Rahmat releva la tête et le regarda sans rien dire.

« Deux personnes savent que vous êtes ici, seulement deux personnes. Moi-même, et mon jeune frère Morteza, avec lequel vous avez échangé quelques propos avant-hier soir devant la poissonnerie de Chilat. Bien évidemment, nous n'en avons parlé à personne... pas encore...

— Pas encore ?

Le marchandage

— C'est là tout mon problème, Excellence, essayez de me comprendre. Officiellement, vous êtes en fuite et toutes les polices du pays vous recherchent depuis des mois. Officiellement toujours, personne ne vous a encore retrouvé... Or, vous voici devant moi. Toujours, officiellement, j'ai affaire à un certain Rouhollah Kermani, débarqué d'un autocar il y a quarante-huit heures, à la recherche de son frère... Vous me suivez? En mon âme et conscience, je n'ai aucun grief contre Rouhollah Kermani, il n'a rien fait aux yeux de la loi et je dois le relâcher. Mais si cet homme n'est pas le Kermani qu'il prétend être, que dois-je faire? Le dénoncer à haute voix et tenter de trouver une solution... comment dirais-je... plus juste? »

Le religieux tirait avec volupté sur sa cigarette. Après un court instant, il reprit :

« Imaginez que je vous relâche et que, dans quelques jours, on vous reprenne et vous reconnaisse. Vous vous rendez compte de ma position? On parlera d'arrangements entre nous, de bakchichs, de compromissions, et mon avenir sera ruiné. Et avec un instable comme mon frère Morteza, tout est possible. Vous vous rappelez les soucis que j'avais avec lui autrefois. Eh bien, ce n'est rien à côté de ceux qu'il me donne aujourd'hui. C'est le seul de la famille qui n'ait jamais voulu profiter de vos bienfaits et de votre générosité; il ne sait ni lire, ni

Un procès sans appel

écrire et il a toujours vécu de rapines et de chapardages. Si ça ne tenait qu'à moi, il y a bien longtemps que j'aurais trouvé une solution pour vous faire fuir par la montagne. Mais avec Morteza, ça ne va pas être facile. Pour l'instant, il est calme et attend que je rentre à la maison. Mais dès que je serai arrivé, il ne me lâchera plus. Quelle que soit la solution envisagée, il voudra sa part, et il est gourmand, le bougre... »

Rahmat avait écouté sans l'interrompre son ancien métayer. Il se redressa un peu et lui demanda :

« Avant de rechercher une solution qui nous satisfasse tous, expliquez-moi en deux mots comment vous êtes devenu un homme d'église, avec barbe et turban ? »

Karim sourit. Il écrasa son mégot et répondit :

« C'est bien simple. Ainsi que vous le savez, je m'étais installé sur vos terres afin que personne ne se les approprie. De temps en temps, des comités révolutionnaires pénétraient sur le domaine, posaient quelques questions et s'en allaient. Au fil des mois, ces gens-là sont devenus plus nerveux. Le pays s'est transformé en une vaste mosquée et j'ai constaté que le port du turban conférait dignité et respect. Je me suis procuré des vêtements religieux à Tchalous il y a quatre mois environ, et depuis lors, je les garde. Comme un bon mollah, je lis le Coran,

Le marchandage

je préside de petites assemblées, je juge les voleurs et les opposants à notre imam, et je peux vous dire que je le fais en toute équité. Je n'ai encore jamais prononcé de condamnation à mort. A Tchalous, à Nowshahr et à Racht, il y en a eu, mais pas ici, à Enzéli.

— Mais comment avez-vous débarqué ici ?

— Tout simplement parce que je suis originaire d'ici, vous le savez bien. Même qu'une fois, vous m'avez dit : tu ne vas pas finir tes jours dans l'odeur du poisson, comme tes parents et tes grands-parents, et y entraîner tes enfants ? Vous vous en souvenez ? »

Rahmat s'en souvenait, effectivement.

« Un jour, une grosse Mercedes a pénétré chez vous. Un ayatollah de Téhéran en est sorti, entouré par des gardes du corps. Il m'a vite fait comprendre que l'endroit lui plaisait, que j'avais une heure pour déguerpir. Sans poser de question, je suis parti. Et me voilà ici, juge islamique, en train de vous interroger et de tenter de trouver une solution à votre problème. »

Malgré sa très grande lassitude, Rahmat avait vite compris la situation : son ancien métayer voulait de l'argent, beaucoup d'argent, et il n'en avait pas. Du moins pas sur lui. Inutile de lui léguer la villa de Nowshahr tant qu'un ayatollah y était installé. Impossible de lui donner la villa de Chemiran, car non seulement elle était sous haute surveillance, mais elle aussi avait dû être réquisitionnée. Les quelques valeurs qu'il avait emportées avaient fondu et il n'avait plus que quelques rials en poche. Comment, dans ces conditions, traiter avec un homme qui attendait beaucoup ? Certes, Karim savait tout ce qu'il possédait en Iran et même à l'étranger. Mais rien n'était monnayable pour le moment. Tout se bousculait dans son crâne : la villa proche du Palais, le domaine surplombant la mer, près de la forêt, la propriété de Mougins, l'appartement de Central Park, les voitures, les bijoux de sa femme...

Ça y est, il avait trouvé. Mais comment n'y avait-il pas pensé plus tôt : son coffre à la banque, celui qu'il possédait depuis plus de vingt ans et dans lequel il mettait ses biens les plus précieux : titres de propriétés, lingots, bijoux, valeurs. Une grande partie avait été enlevée il y avait un an, quand les premières émeutes avaient ravagé la capitale et que Rahmat avait décidé d'éloigner les siens. Mais l'or était resté. Certes pas de grandes quantités, assez cependant pour calmer la cupidité de Karim.

La clé ? Où était la clé ? Nom d'un chien, il y en avait une dans son petit coffre personnel à la villa et qu'il avait omis de prendre. Enfermée dans une enveloppe, elle ne pouvait servir à personne, car rien n'indiquait de quel établissement elle provenait et le numéro du coffre n'y était pas mentionné. Et l'autre, celle qui était toujours déposée chez Houshang, son voisin et ami architecte, l'avait-il encore ?

Le marchandage

« Alors, Excellence, avez-vous trouvé une solution ? »

Rahmat leva un court instant la main pour faire comprendre qu'il réfléchissait, puis lentement baissa son bras.

« Je pense que j'ai trouvé la marche à suivre. Ce ne sera pas facile, mais avec un peu de chance, on devrait y arriver. »

En peu de mots, l'ancien aide de camp du shah expliqua la situation au pseudo-mollah. Dans un premier temps, et en termes très discrets, il devrait tenter de joindre Houshang téléphoniquement, afin d'obtenir un rendez-vous. Mais ne rien lui dire qui pourrait éveiller les soupçons. Il n'était d'ailleurs pas impossible que l'architecte soit sur table d'écoute.

Une fois la date fixée, il se rendrait dans la capitale, porteur de quelques lignes rédigées par Rahmat lui expliquant la situation et le priant d'accompagner son ancien métayer à la salle des coffres pour y retirer le plus discrètement possible tout ce qui s'y trouvait; lui, Houshang, garderait provisoirement les titres, les valeurs et les effets non négociables, et il remettrait les lingots et pièces d'or à Karim afin qu'il les ramène à Enzéli.

« C'est tout ce que je peux vous proposer. Mes biens mobiliers et immobiliers sont saisis ou confisqués. Ma femme est partie avec certaines liquidités et ses affaires personnelles. Il ne me reste que cet or...

— Quelle quantité environ ?... »

Rahmat fit un rapide calcul et dit :

« Je ne m'en souviens pas très bien ; je ne sais pas combien de pahlavis ma femme a laissés, mais je sais que tous les lingots doivent être là, si mon coffre n'a pas été forcé, disons environ une vingtaine. Et plus de deux cents pièces. »

Pas un muscle du visage du religieux n'avait bougé. Mais, dans sa tête, il calculait. Il avait toujours été très fort en calcul mental, et parvenait en quelques instants à dire à son patron combien le blé, le thé ou le riz allaient rapporter dans l'année, combien allaient coûter l'abattage de quelques sapins ou l'achat de nouveaux semis. Il comprit que cette petite fortune lui rapporterait plus que l'éventuelle prime à la délation pour capturer le fugitif.

Il prit un certain temps pour répondre.

« C'est dangereux quand même de s'aventurer dans la capitale par les temps qui courent. Aller chez Houshang Khan aujourd'hui ne doit pas être chose aisée. Et si votre villa de Chemiran est occupée par un religieux de haut rang, les alentours doivent être très bien gardés.

— Vous devez vous mettre d'accord avec Houshang pour qu'il vous rencontre quelque part en ville, non loin de son bureau, ou près de la banque,

Le marchandage

au carrefour Eslambol-Ferdowsi. Dans la foule, on vous remarquera moins qu'en tête à tête chez lui. Et votre vêtement vous permettra de vous faire respecter. »

Karim Boghrati se leva :

« Avec cette affaire de l'ambassade américaine, c'est sûrement la pagaille en ville. Je vais en profiter. D'abord, j'appelle tout de suite votre ami. Tout dépend de ce coup de fil. Si je ne le trouve pas, c'est foutu ! »

Et il hurla un ordre. Le même jeune homme apparut.

« Ramène le prisonnier à sa cellule. Je n'ai pas encore terminé avec lui. Donne-lui son dîner... Je reviens tout à l'heure... »

Rahmat Daneshvar dévora le maigre repas que le gamin lui avait apporté : du riz, un peu de viande, une pomme, un verre de lait caillé. La nuit était tombée depuis longtemps. Houshang devait être chez lui. Il connaissait bien le métayer et ne douterait pas un seul instant de la véracité de ses propos. Quelle heure pouvait-il être ? On lui avait pris tous ses effets et la montre avait vite trouvé acquéreur.

Il somnolait sur sa paillasse. Il pensait à l'ambassade des États-Unis où il était allé tant de fois. Dans quel état devait-elle être en ce moment ! Toutes les portes étaient blindées, les systèmes électroniques les plus sophistiqués y avaient été installés par des experts envoyés de Washington, il y avait des caméras partout, et pourtant, aux dires de Karim, des centaines d'étudiants y avaient pénétré en force.

Un bruit de serrure le tira de ses réflexions. La lumière se fit. Boghrati se trouva devant lui. Rahmat se redressa, mais l'ancien métayer le pria aimablement de rester assis sur son lit. Il semblait sourire.

Il se pencha vers l'ancien gouverneur et lui murmura à l'oreille :

« C'est arrangé. J'ai eu du mal à trouver votre ami, puis à le convaincre, mais c'est fait. Aujourd'hui, c'est dimanche et, d'après ce qu'il m'a dit, Téhéran est sens dessus dessous.

— Vous avez pris rendez-vous ?

— Oui, mercredi matin, vers huit heures, au carrefour Lalézar. Mais il a souhaité des garanties, pour être certain que ce ne soit pas un piège. Il m'a demandé que vous rédigiez quelques lignes et que vous y inscriviez notamment la dernière phrase d'une histoire qui vous faisait rire depuis des années... Il m'a parlé de Staline, Roosevelt, Churchill et du shah déchu... Ça vous dit quelque chose ? »

Rahmat tenta de sourire à son tour. Sacré Houshang ! Même dans les moments les plus dramatiques, il avait gardé son humour.

« Suivez-moi, je vais vous installer quelques instants dans mon bureau et vous donner une plume et une feuille de papier... »

Le marchandage

Cinq minutes plus tard, le prisonnier était assis à une table, rédigeant une lettre quasiment anonyme à son ami, lui expliquant dans les moindres détails ce qu'il convenait de faire. Et il termina sa missive par le code souhaité : « Chez nous, nous savons vingt-quatre heures à l'avance où le délit sera commis. »

Il la relut et la remit à Boghrati. Ce dernier la parcourut, la plia en quatre et la glissa entre deux pages de son Coran.

« Je pars demain matin pour Téhéran. Les transports sont perturbés, les autocars ne sont jamais à l'heure. Je préfère prendre mes précautions et arriver plus tôt en ville. Si tout va bien, je serai de retour vendredi ou samedi. Avez-vous besoin de quelque chose ?

— Je voudrais seulement une seconde couverture pour dormir. Il commence à faire froid la nuit.

— Ce sera fait immédiatement, Excellence. Vous ne voulez rien d'autre ?

— Non, Karim... excusez-moi, non, Monsieur Boghrati. Que Dieu vous protège et que tout aille bien. Rapportez-moi de bonnes nouvelles dans quelques jours. Ensuite, il faudra penser à ce qui nous attend... mon plan de départ...

— Ne vous faites aucun souci. J'ai déjà réfléchi à la suite des événements. Je pense qu'il faudra suivre la côte jusqu'à Astara, longer la frontière russe,

Un procès sans appel

par Ardabil, Marand et Khoy pour sortir du pays. Je vous en parlerai plus tard. Ça ne devrait pas poser de problème, mais chaque chose en son temps. »

Le petit gardien revint avec une autre couverture et la posa sur le lit de Daneshvar. Furtivement, Rahmat et son ancien fermier se serrèrent la main et l'homme au turban disparut au fond du couloir. La porte du cachot se referma, la lumière s'éteignit et Rahmat s'allongea. Ce fut avec ferveur qu'il pria Dieu cette nuit avant de s'endormir, récitant plusieurs fois ce verset que sa mère lui avait appris alors qu'il n'avait que quatre ou cinq ans :

« Ô mon Dieu, Tu m'as créé pour Te connaître et pour T'adorer.

Il n'y a pas d'autre Dieu que Toi, Celui qui secourt dans le péril. »

Combien de fois avait-il récité ces phrases depuis qu'il était sorti de l'enfance ? Des milliers de fois, à tout moment. Peu importaient l'endroit et l'heure pourvu que la prière fût dite.

Et depuis dix mois qu'il fuyait et se cachait, il priait davantage encore parce que, en se recueillant, il ne pensait plus aux dangers qui l'entouraient, il se concentrait sur les mots qu'il disait et faisait abstraction de ce qui le menaçait. Depuis son arrestation de janvier dernier, il n'y avait pas d'heure durant laquelle il ne s'était adressé au Tout-

Le marchandage

Puissant, pas seulement pour lui, mais aussi pour sa communauté qui courait les plus grands dangers et dont certains membres avaient brutalement disparu. Il priait en persan comme il l'avait toujours fait et il se souvint même l'avoir fait autrefois devant Karim qui lui avait demandé comment on pouvait prier seul, dans un coin, sans se tourner et se prosterner vers La Mecque.

« Parce que Dieu est partout, avait-il répondu. Il est tout près de toi et il t'écoute. »

Le métayer avait hoché la tête et s'en était allé. Les deux hommes n'avaient plus jamais reparlé de religion.

Le mercredi matin, Rahmat s'était réveillé plus tôt que d'habitude. Depuis trois jours que Karim l'avait quitté, il avait constaté que la nourriture s'était quelque peu améliorée, qu'on le rudoyait moins et qu'on lui changeait ses seaux pour qu'il puisse se laver deux fois par jour.

Quelle heure était-il ? Dehors, le jour était levé. Il s'imaginait le carrefour Lalézar, le cœur économique et commercial de Téhéran, avec ses bureaux, ses magasins, les rues et les trottoirs encombrés, une population d'hommes et de femmes s'activant, gesticulant, hurlant, s'insultant.

Houshang devait avoir rencontré Karim. Il avait

Un procès sans appel

dû être surpris par l'accoutrement du paysan, et les deux hommes devaient se frayer un passage pour se diriger vers la banque, à quelques centaines de mètres. Et puis, et puis...

Le soir venait de tomber. Rahmat n'avait pas mangé de la journée. Le silence qui l'entourait, cette solitude, lui pesaient. Que s'était-il passé à Téhéran ? Les deux hommes avaient-ils réussi leur coup ? Tout avait-il bien fonctionné ? Houshang n'avait-il pas été arrêté à son tour, en voulant aider son ami ? Cette pensée lui fut insupportable.

L'ancien gouverneur se surprit même à rire. Il se rappelait la toute première fois que cette histoire lui avait été racontée, alors qu'il était étudiant en économie : c'était lors de la conférence de Téhéran de 1943, quand les trois grands de l'époque s'y rencontrèrent pendant une semaine. On en arriva au fonctionnement des polices respectives. Staline dit alors : chez nous, en URSS, quand un délit est commis, on retrouve le coupable quarante-huit heures plus tard. Churchill assura à son tour que Scotland Yard ne mettait pas plus de vingt-quatre heures pour arrêter les auteurs d'un forfait. Roosevelt confirma que le FBI parvenait souvent à arrêter les coupables le jour même. Ce fut alors que le jeune shah, très posément, prit la parole et dit à ses hôtes ébahis : « Chez nous, nous savons vingt-quatre heures à l'avance où le délit sera commis. »

Le marchandage

Cette blague, il l'avait narrée et entendue des centaines de fois, et toujours, elle le faisait rire.

En quelques heures, les événements se précipitèrent. Jeudi, vers midi, des voix lui parvinrent, puis des bruits de pas et de clés. Des ordres furent vociférés, on se précipita sur lui, on lui passa les menottes aux mains et aux pieds, on le bâillonna et on le souleva de terre. L'air vif le fit frissonner un court instant, puis il fut jeté dans une voiture. Personne ne disait mot. Le véhicule démarra. Il sentait qu'il avait un gardien de chaque côté et un troisième devant lui, en plus du chauffeur. Le trajet dura une heure et demie environ. La voiture s'arrêta, il fut extirpé par quatre mains solides et traîné vers un bâtiment. Quelques instants plus tard, il était jeté sur une paillasse humide, toujours entravé par ses menottes.

Que se passait-il, que faisait-on, où était-il ? Une chose était certaine : le plan avait échoué. Mais quand ? Pendant son déroulement, ou après, une fois les valeurs retirées ? Houshang aurait-il été arrêté ? Et Karim aussi ?

Et si... et si... Karim l'avait trahi, une fois l'or récupéré ? Ce n'était pas possible, il connaissait son ancien métayer depuis tant d'années, ils s'estimaient réciproquement, tant de liens et de souvenirs les

Un procès sans appel

unissaient. Mais le connaissait-il véritablement ? Que peut-il se passer dans la tête d'un homme, si honnête fût-il, en présence d'un tel magot et au milieu d'une telle anarchie ? Qui résisterait ? Lui-même en aurait-il été capable ?

Le lendemain, il comprit qu'il prenait avec ses geôliers la route de la capitale. Il avait tant et tant de fois suivi cette route de la montagne qu'il aurait pu effectuer le trajet les yeux fermés ; le moindre virage, un nid-de-poule, un pont et un tunnel lui étaient familiers. Au bout de deux heures, à Polé Zanguleh, c'était la plongée sur Gatch-sar et Karaj, et la dernière ligne droite sur Téhéran. Depuis plus de vingt-quatre heures, il n'avait pas été nourri ; tout juste lui avait-on permis d'uriner derrière un arbre et de boire un verre d'eau.

Combien de jours, combien de semaines resta-t-il dans le noir, coupé de tout ? Il ne voyait personne, il ne parlait à personne, une petite trappe s'ouvrait seulement deux fois par jour, une fois le matin, l'autre le soir, pour laisser passer un plateau. Ses cheveux étaient longs, sa barbe digne d'un patriarche, son corps le démangeait, ses vêtements puaient, sa geôle empestait et l'air qu'il y respirait était fétide. Pas un seul interrogatoire, pas une seule phrase échangée, l'isolation la plus totale, des jour-

Le marchandage

nées et des nuits d'angoisse qu'il tentait d'évaluer au rythme des repas ou des maigres bruits qui lui parvenaient de l'extérieur, des moments de découragement que seule la prière aidait à surmonter, et des instants de bonheur quand il pensait à sa famille en sécurité, mais certainement dans l'angoisse.

Un homme entra un jour, sans mot dire. Un autre se tenait derrière lui, l'arme à la main. On lui rasa sa tignasse, puis on lui tailla la barbe à grands coups de ciseaux. Une écuelle fut apportée pour un lavage succinct, des vêtements furent jetés sur le lit.

Avant de refermer la porte, l'homme au fusil dit à Rahmat :

« Habille-toi, on vient te chercher dans trente minutes... »

5

L'INTERROGATOIRE

En jetant un regard furtif vers l'extérieur, Rahmat se rendit compte qu'il se trouvait à la préfecture de police. Juste en face se dressaient les murs très laids du ministère des Affaires étrangères, où il avait pénétré des centaines de fois, soit pour y saluer un ami, soit pour y retirer un passeport diplomatique.

Il en avait entendu des histoires sur cette préfecture où tant de personnes étaient entrées et n'étaient jamais ressorties, disparaissant sans laisser la moindre trace. Il n'avait jamais cru à ces racontars, il ne pouvait pas y croire. Non, pas ici, pas en Iran, dont le maître était son ami et son confident...

Été 1953.
Une chaleur accablante écrasait Téhéran et ses environs. La ville somnolait sous une épaisse chape de plomb. Le jeune Daneshvar, qui venait tout juste d'avoir vingt ans et terminé ses études commerciales en Suisse, avait regagné son pays natal après une absence de trois années.

Un procès sans appel

Les militaires patrouillaient dans les grandes artères de la capitale, comme autrefois, quand on abattait généraux, ministres, parlementaires et que le shah avait été grièvement blessé dans un attentat.

Tandis que Rahmat jouait au tennis dans le parc de l'Institut franco-américain avec un étudiant new-yorkais dont le père conseillait les troupes impériales, une fusillade nourrie éclata à quelques centaines de mètres de là, dans le bas de l'avenue Kakhe. Le temps de sortir voir ce qui se passait, deux blindés leur firent face. Interdiction de passer. Tout se déroula en moins de trois heures. Le Premier ministre Mossadegh fut arrêté à quelques pas de là, le gouvernement tomba et le shah, qui était parti pour un exil de quelques jours avec la souveraine à Rome, revint dans son pays.

Les deux étudiants avaient assisté aux premières loges, la raquette de tennis sous le bras, à un coup d'État qui allait installer et consolider Pahlavi sur son trône fragile pour plus d'un quart de siècle.

« Dis donc, Norman, ton père n'est-il pas pour quelque chose dans cette affaire ? »

Le jeune Schwarzkopf sourit et lui répondit :

« Mon père s'occupe de la gendarmerie seulement, pas de l'armée, des tanks ou des avions... »

Les deux jeunes gens ne devaient plus jamais se revoir. L'un devint général, comme son père, l'autre fit des affaires, mieux que son père.

L'interrogatoire

Pendant des mois, tous les suspects des années 50 furent conduits dans les locaux de la préfecture de police où l'administrateur de la loi martiale, le général Teymour Bakhtyar, avait installé son quartier général.

Camarade de promotion du shah à l'Académie militaire, le jeune Teymour était ambitieux et plaisait aux femmes. Il était de plus le cousin de la reine Soraya, ce qui lui permettait d'entrer et de sortir du Palais à sa guise. Il était tout-puissant à la préfecture, où il avait installé un véritable État dans l'État, avec ses réseaux, ses filières, ses tortionnaires et ses mouchards. Son anti-communisme primaire en avait fait un allié sûr des Américains, qui débarquaient en force dans le pays avec leurs gadgets électroniques, leurs agents de la CIA, leurs dollars et leur très puissant armement.

Des centaines d'Iraniens disparurent dans les sous-sols de la préfecture, dans ceux du Baghé Shah et de l'hôpital militaire n° 1 de l'avenue Pahlavi. Quiconque avait été membre du parti Toudeh, quiconque avait voyagé en URSS, avait été vu à l'ambassade soviétique ou au cercle des amitiés russo-iraniennes, quiconque lisait Marx ou Engels, était socialiste ou libéral, avait critiqué le shah et soutenu Mossadegh, était passible du poteau d'exécution et le nouveau régime avait ses hommes de main, recrutés dans les bas quartiers de la ville, pour débusquer les derniers réfractaires. Parmi eux, le redoutable Shaaban Jaffari, surnommé Shaaban-sans-cervelle, qui égorgeait les suspects avant de les questionner, ou encore Hassan Arbab, dont les séides volaient, violaient et brûlaient. Ce furent ces comparses qui, sur dénonciation de voisins, arrêtèrent une curieuse femme qui se cachait dans un cimetière proche de Téhéran, dissimulée sous un tchador : il s'agissait de Hossein Fatemi, le ministre des Affaires étrangères, qui fut poignardé sur place avant que l'armée pût intervenir. Récupéré par les hommes de Bakhtyar, le malheureux fut soigné, recousu et jugé par un tribunal d'exception qui le condamna à la pendaison, ce qui fut fait dans l'heure.

Trois ans plus tard, l'administrateur de la loi martiale, qui s'était adjugé en même temps le commandement suprême du renseignement et de la sécurité de l'État, fonda la Savak, cette institution qui, à ses débuts, se contenta de renseigner et d'assurer la sécurité du pays, mais qui au fil des années devint un mélange de Gestapo, de KGB et de Securitate, employant des milliers de fonctionnaires, des dizaines de milliers d'intérimaires et de bénévoles, sans oublier les ministres, ambassadeurs, officiers généraux, hommes d'affaires et autres parlementaires chargés de s'informer et de prévenir, les moyens de pression étant illimités.

Il fallait infiltrer également et ce fut grâce à l'ins-

L'interrogatoire

tallation d'une taupe dans la communauté bahaïe de Téhéran qui donna des informations erronées sur le temple de Hazirat-ol-Ghods que la troupe envahit et démolit l'édifice de l'avenue Villa.

Rahmat n'oublia jamais cette journée où une foule en délire applaudit les militaires et leurs chefs qui défoncèrent portes et murs, saccageant, pillant et incendiant tout sur leur passage. Que faire, sinon verser des larmes de rage et d'impuissance ?

Rahmat était là, témoin privilégié de cette hystérie collective, maudissant ces badauds qui tantôt applaudissaient Mossadegh et insultaient le shah et, une semaine plus tard, aidaient l'armée à renverser le gouvernement et acclamaient le shah sur la route de l'aéroport, cette foule qui vibrait aux prêches de l'ayatollah Kashani, président du Parlement et le pourchassa dès que la chambre fut dissoute. Après les communistes, on s'en prit aux minorités religieuses, puis ce furent les minorités ethniques, et ainsi de suite.

Chaque fois que Rahmat était entré dans le bâtiment lugubre de la préfecture de police, il avait éprouvé de la gêne. Chaque citoyen pouvait y pénétrer librement, pour un passeport, une carte d'identité, une plainte, un recours. Certains y étaient convoqués et on perdait leur trace. Il avait pris l'habitude de s'y faire accompagner, par prudence. Certes, par la suite, quand il devint un homme en

Un procès sans appel

vue du régime, il fut accueilli sur les marches par le préfet lui-même. On lui offrait le thé, quelques friandises et généralement, après un temps de palabres, le document recherché lui était fourni ou la demande formulée satisfaite.

Quand était-il entré pour la dernière fois dans ce bâtiment des années 30, construit selon la plus stricte architecture mussolinienne, avec quelques frises orientales et décorations persanes en plus ? A l'automne 1978, quand il était venu récupérer les passeports de ses enfants. L'accueil avait été courtois, mais il avait senti, pendant la demi-heure accordée par le colonel de police qui administrait la section des passeports, que la conversation n'avait plus l'obséquiosité et le respect d'autrefois. Imperceptiblement, quelque chose changeait dans le pays. La rue grondait, les gens parlaient plus ouvertement, on critiquait l'entourage du Palais, les gouvernements tenaient rarement plus de quelques semaines, les avions étaient pris d'assaut, quelle que fût la destination. Comme l'avait dit le souverain, les rats quittaient le navire !

Lui, Rahmat, avait décidé de rester. Il n'avait été ni ministre, ni parlementaire, ni général, ni ambassadeur ; il n'avait jamais fait de politique car sa religion le lui interdisait. Tout bahaï acceptant un poste

L'interrogatoire

politique était automatiquement rejeté par les siens. La rumeur disait que l'ancien Premier ministre Amir Abbas Hoveyda était un bahaï et qu'il avait été rayé des listes dès qu'il était devenu membre du gouvernement dans les années 60.

Le tout-puissant ministre de l'Économie et des Finances, également patron des pétroles, qui pour des raisons obscures avait choisi le patronyme de Houshang Ansari, était l'un des piliers du bahaïsme persan et bien qu'exclu par sa communauté, n'en continuait pas moins de militer et de collecter des fonds pour le mouvement, car il était profondément attaché à la religion de ses parents, originaires de Shiraz comme le fondateur de sa foi.

Ce fut par une porte dérobée, derrière la poste centrale, que le fourgon entra dans le bâtiment de la préfecture. Entravé par des chaînes lourdes, Rahmat était surveillé par quatre hommes en armes. Quelques curieux le dévisageaient, se demandant qui pouvait être cet homme grand, mince, aux yeux inquiets.

Deux individus le soutinrent pour l'aider à monter au premier étage, dans une petite chambre meublée de deux tables, quatre chaises, un réchaud qui fumait, une machine à écrire, un magnétophone et un portrait de l'imam au mur.

Un procès sans appel

L'ancien gouverneur attendit un quart d'heure qu'un homme entre dans la pièce, suivi de deux autres qui portaient des dossiers. Tous étaient des civils et semblaient avoir moins de trente ans. Tous trois avaient le cheveu ras, la barbe noire, celui qui semblait être le chef portait des lunettes, un costume sobre et une chemise sans col ni cravate.

Rahmat ne bougea pas. Les gardes s'étaient légèrement inclinés et avaient proféré un respectueux *Salam-al-leikom*. Le plus important s'assit à la plus grande des deux tables et désigna l'autre à ses assistants. Il compulsa un dossier, en sortit deux ou trois feuillets, les lut attentivement puis regarda le prisonnier.

« Tu es bien Daneshvar, Rahmat, né à Téhéran le 21 du mois de bahman 1311 (10 février 1933) ? »

La voix était douce, lente et, à part le tutoiement, elle semblait aimable.

Le bahaï se racla la gorge et répondit :

« Oui, c'est bien moi.

— Sais-tu qui je suis ? » questionna l'homme.

Comment l'aurait-il su ? Il ne l'avait jamais vu. Il devait avoir le même âge que son fils aîné, étudiant peut-être, enseignant ou juriste.

« Non, je ne le sais pas.

— Je suis le responsable des comités révolutionnaires de ce quartier, je suis docteur en droit, j'ai lutté pendant des années pour abolir la monarchie

L'interrogatoire

et faire revenir chez lui – donc chez nous – notre imam bien-aimé... »

Il fut interrompu dans sa phrase par les autres qui psalmodièrent ensemble :

« Loué soit notre imam... Longue vie à Khomeini...

– ... et éliminer définitivement cette vermine nauséabonde que toi et les tiens incarnent. Je suis, tout particulièrement spécialisé dans les procès des gens de ta secte méprisable et un grand nombre de tes copains sont déjà passés par mes mains. »

Rahmat eut froid dans le dos. Pour la première fois depuis que la révolution avait triomphé dix mois auparavant, il avait devant lui un de ces juges islamiques qui répandaient la terreur aux quatre coins du pays et avaient fait disparaître des centaines de militaires de haut rang, des ministres, des parlementaires, des médecins, des hauts fonctionnaires, des diplomates, des intellectuels, non seulement juifs, bahaïs, chrétiens ou zoroastriens, mais également musulmans chiites.

« Tu es au moins le vingtième ou vingt-cinquième bahaï que je vais supprimer, et il y en aura d'autres après toi, crois-moi... »

Le son de la voix de l'accusateur n'avait pas changé. Il parlait avec un timbre monocorde, posé, et même en débitant ces insanités, pas un mot n'avait été dit plus haut qu'un autre.

Un procès sans appel

« Alors, Daneshvar, on a voulu fuir la justice de son pays, en se cachant pendant des mois ? Je savais qu'on finirait par te retrouver. Il suffisait de filer certains de tes proches ou de tes amis, surveiller tes maisons, tes affaires, les établissements bancaires dans lesquels tu as amassé pendant des années l'argent du peuple, il suffisait de payer des gens pour te retrouver et patiemment, les uns après les autres, tes amis et toi êtes tombés comme des fruits mûrs dans les mailles de notre filet.

» Il y a au moins des gens de ta communauté qui ont eu le courage de rester chez eux et d'attendre les instructions. La plupart vivent tranquillement et n'ont rien à craindre de nous. Puis, il y a les meneurs, les chefs, les traîtres, les espions à la solde de l'étranger. Ceux-là ont définitivement disparu de la circulation ; je m'en suis chargé : tu sais, tes huit amis qui, avec toi, avaient été désignés au printemps 1978 pour diriger votre secte, puis les neuf suppléants choisis secrètement pour parer à toute éventualité. Tous ont été éliminés, sans procès et sans témoin. Tu as oublié que, pour sauver leur peau, certains êtres sont parfois vils et fourbes, et parmi les tiens, il s'en est trouvé qui vous ont dénoncés. Nous avons vos listes, vos documents, vos adresses, tout ce qui vous concerne. Certains sont allés plus loin : ils ont renié leur foi pour redevenir les bons musulmans qu'ils n'auraient jamais dû ces-

L'interrogatoire

ser d'être. Ils collaborent avec nous et nous apprennent des choses très intéressantes sur vos rites, vos assemblées, votre fortune... »

Rahmat n'en croyait pas ses oreilles, tout ce qu'il venait d'entendre lui semblait irréel. Des bahaïs qui trahissent et renient leur foi ? Comment était-ce possible ? Des bahaïs qui dénoncent leurs frères ? Jamais cela ne s'était passé, même pas au siècle dernier où leurs têtes avaient été mises à prix par les rois ghadjars.

« Ordonne-moi, ô Seigneur, ce qui me sera profitable en chacun de tes mondes. Donne-moi donc ce que Tu as promis à Tes créatures élues, que ni le blâme de l'accusateur, ni les clameurs de l'infidèle, ni l'aliénation du cœur de ceux qui se sont éloignés de Toi n'ont empêchées de se tourner vers Toi.

» En vérité, Tu es l'aide dans le péril, par la puissance de ta souveraineté. Il n'y a pas d'autre Dieu que Toi, le Très-Haut, le Tout-Puissant. »

Rahmat priait tandis que le juge continuait à déverser des flots d'injures et de calomnies, interrompu de temps à autre par les gardiens qui le soutenaient : « Vous avez raison, tout cela est la vérité... »

« M'écoutes-tu, Daneshvar ? »

Rahmat leva la tête et fixa l'accusateur :

« Oui, Monsieur, je vous écoute.

— Je t'ai décliné mes fonctions et mes titres, tout

Un procès sans appel

à l'heure. Tu es donc prié de me les servir à chacune de tes réponses. C'est compris ? Je veux que tu me répondes avec respect et m'appelles Docteur, ou Monsieur le chef du comité de quartier. C'est compris ?

— J'ai compris, Docteur. »

Rahmat n'avait jamais passé son doctorat; il s'était contenté d'un diplôme commercial de comptabilité et d'économie, mais le fait d'avoir étudié en Occident et de parler des langues étrangères faisait que les gens l'avaient toujours appelé Docteur, marque de respect et de dignité. Plus tard, il gravita autour des sphères du Palais, personne ne l'appelait plus qu'Excellence.

Et voilà qu'il se trouvait devant un personnage que nul ne connaissait, qui avait, selon ses dires, un doctorat de droit, et qui réclamait qu'on l'appelât par son titre ! Il en aurait souri si la situation n'avait été si désespérée.

Le Docteur poursuivait un long réquisitoire d'accusations précises et documentées, certainement fournies par le pillage de la bibliothèque du temple de Hazirat-ol-Ghods. Rahmat n'écoutait pas, il entendait seulement la voix de l'homme qui lui faisait face et lisait les textes qu'il avait dû débiter aux autres coreligionnaires disparus ou assassinés les mois précédents. « Je suis le spécialiste de ta secte méprisable »... « j'en ai maté d'autres que toi »... « tu

L'interrogatoire

vas bien finir par t'écraser et perdre ton arrogance »... Chaque phrase était haineuse, chaque mot judicieusement choisi pour faire mal, mais sans éclat de voix, sans geste spectaculaire.

Le Docteur demanda soudain :

« Qui sont tes complices ? Qui t'a permis de fuir, de te cacher et de te nourrir pendant tous ces mois ? »

Rahmat savait qu'on finirait par lui poser ce genre de question. Il s'y était préparé.

« Personne, Docteur, j'ai fui tout seul, je me suis caché où j'ai pu, je me suis nourri avec ce que j'ai trouvé et j'ai dormi n'importe où.

— Je ne te crois pas... Personne n'a pu nous échapper aussi longtemps, à part les complices de l'étranger qui ont quitté le pays dès le premier coup de fusil. Dis-nous la vérité. »

Alors, pour son accusateur, Rahmat décrivit sa longue errance en essayant de se rappeler certains détails, de donner des précisions, des dates vérifiables. Il apprit au juge qu'il était dans sa maison, dans une malle au sous-sol quand la police y était entrée, il parla de l'argent et des quelques valeurs qu'il avait pu emporter, de son désarroi à la gare des autocars quand il n'avait pas trouvé de moyen de transport pour sortir de ville, de son arrivée sur les bords de la mer Caspienne, de la visite de la villa du prince, de son arrivée à Enzéli et de son emprisonnement.

Un procès sans appel

« Cet homme qui t'a arrêté, c'est qui au juste ?

— Il s'appelle Karim Boghrati, il a été fermier sur mes terres et, tout d'un coup, il est apparu devant moi habillé en mollah. Son père et les siens ont été à notre service depuis des années et j'avais confiance en lui. Il m'a fait comprendre que la vie était devenue chère, que lui et sa famille manquaient de tout et que... comment dirais-je... on pourrait arriver à un arrangement si je voulais bien l'aider. »

Rahmat ne parla pas un seul instant de Houshang, mais de l'or qu'il possédait à la banque, de la manière de se l'approprier sans éveiller le moindre soupçon et de son éventuelle libération pour partir à l'étranger.

Il avait envie de questionner le juge sur ce qu'était devenu son ancien métayer, mais il attendit. Ces gens n'aimaient pas répondre à des questions, devoir se justifier et engager une conversation avec leurs prisonniers.

Le Docteur tapota un feuillet avec son crayon, y inscrivit quelques mots, demanda à un de ses comparses si le magnétophone fonctionnait toujours et questionna soudain :

« Que t'enseigne ta secte, Daneshvar ? »

Rahmat fut étonné, intrigué et hésita à répondre trop rapidement :

« Ma religion m'enseigne d'aimer mon prochain, de l'aider, de tenter de le comprendre ; elle m'ensei-

L'interrogatoire

gne également et surtout de n'aimer qu'un seul Dieu et de le servir ; elle m'enseigne enfin de respecter ceux qui croient différemment, prient différemment, parlent différemment.

— En quel Dieu crois-tu, Daneshvar ?

— Dans le même Dieu que vous, Docteur, un Dieu de clémence et de miséricorde, dans celui que vous et moi appelons Allah, que nous prions plusieurs fois par jour et auquel nous demandons protection.

— Quelle différence y a-t-il donc entre ton Dieu et le nôtre, entre ta religion et la nôtre ? insista l'inquisiteur.

— Notre Dieu et le vôtre sont une seule et même personne. Nos religions sont très voisines, mais elles se pratiquent différemment. Pas de clergé, de religieux en habits, de mosquées ou d'églises chez nous, mais des lieux de réflexion, où l'on prie, où l'on parle, où l'on s'aide... »

Rahmat ne put terminer sa phrase. Le Docteur l'interrompit une fois de plus :

« Tes parents étaient quoi, autrefois, juifs ou chrétiens ?

— Ils étaient musulmans chiites, comme l'immense majorité dans ce pays. Ce sont les grands-parents de mes parents qui ont répondu à l'appel de Bahaollah, notre prophète, ainsi que des dizaines de milliers d'Iraniens, puis d'étrangers, il y a plus de cent ans. »

Un procès sans appel

Le Docteur fit un signe à son adjoint qui était en charge du magnétophone et lui enjoignit d'arrêter son appareil. Il reprit :

« Pour racheter l'erreur tragique de tes ancêtres, pour revenir dans le droit chemin et obtenir le pardon de notre imam bien-aimé, acceptes-tu de renier ta foi et de redevenir musulman ? Prends ton temps pour répondre, car de ta réponse dépendra ma décision dans quelques instants. Réfléchis bien et sans précipitation. »

Rahmat fit semblant de réfléchir, mais sa décision était prise depuis longtemps. Lui qui depuis plus de quarante ans avait été un pratiquant convaincu, un des chefs de sa communauté et un des piliers du bahaïsme international, qui avait financé des projets, fait bâtir des temples, des écoles et des hôpitaux, comment aurait-il pu penser un seul instant à renoncer à tout ce qui avait fait son bonheur et donné tant de joies ? Comment pouvait-on lui poser une telle question ? Certes, sa vie était en jeu, mais il était décidé à ne pas flancher.

« J'aime ma religion, qui est celle de mes parents, et de leurs parents. Je n'ai aucune estime pour les gens qui changent de religion sous la contrainte et je pense que vous non plus d'ailleurs. Non, Docteur, je ne renoncerai pas à mes convictions et je souhaite que vous me compreniez. »

Le juge mit un certain temps à répondre. Il ne

L'interrogatoire

compulsa pas son dossier, ne se tourna pas vers ses adjoints, ne prit aucune note. Il n'avait pas cessé de regarder Rahmat qui le fixait intensément.

« Tu es moins intelligent que je ne pensais. Si je te disais combien des tiens j'ai convertis ces derniers mois, tu serais stupéfait. Je sais combien vous êtes dans ce pays, environ un pour cent de la population. Tu crois que nous allons tous vous éliminer? Il y a parmi vous certainement des braves gens, dont le seul défaut est d'écouter des meneurs comme toi, comme ce Hoveyda qu'on a dû fusiller, comme ce Ansari qui a pris la fuite avec le banquier véreux Yazdani, ce professeur Hakim qui a été éliminé par un patriote anonyme... »

Rahmat n'écoutait plus. Son cœur avait fait un bond dans sa poitrine : Manoutchehr Hakim, son ami, son compagnon, ce professeur de médecine, reconnu et mondialement estimé! Non, ce n'était pas vrai. Mais comment et par qui? Les larmes lui étaient montées aux yeux et il eut un vertige. Pendant ce temps, le juge continuait ses litanies sur le même ton froid et distant. Il s'interrompit :

« Quelque chose ne va pas, Daneshvar? Tu ne te sens pas bien?

— Vous avez bien dit que le professeur Manoutchehr Hakim est mort? Mais comment cela s'est-il passé?

— On l'a retrouvé mort dans son cabinet un

Un procès sans appel

matin, tué par un visiteur, la veille au soir. Personne n'a rien entendu, personne n'a rien vu. Sans aucun doute, un règlement de comptes personnel. La presse en a abondamment parlé... »

Le monde s'écroulait pour Rahmat. Et qui d'autre encore avait été si brutalement massacré, le saurait-il jamais ?

« Je pose ma question encore une fois : acceptes-tu de renier ta religion et de devenir musulman ?

— Non, Docteur, je ne le souhaite pas. Je suis né bahaï, je mourrai un jour bahaï, quelles qu'en doivent être les conséquences. »

Le juge se leva, prit ses dossiers sous son bras, puis s'arrêta ; il congédia ses deux assistants et demanda aux gardiens de le laisser seul avec le prisonnier. Quand la porte se fut refermée, il s'approcha de Rahmat, s'assit à ses côtés et dit :

« Nous avons reçu un coup de fil anonyme un jour d'un homme à fort accent du Nord. Il disait être un fervent admirateur de l'imam et voulait faire son devoir de citoyen. Il disait qu'on t'avait arrêté quelques jours plus tôt et que tu manigançais avec tes geôliers pour payer ta liberté. Avant que nous ayons pu lui demander son nom, il avait raccroché en nous disant qu'un de tes amis, l'ingénieur Houshang Dehestani, pourrait nous en dire davantage. »

L'ancien gouverneur de la banque centrale s'effondra sur la table et fut secoué de violents sanglots : son

L'interrogatoire

ami Houshang avait été dénoncé et peut-être même arrêté par la délation d'un imposteur.

« Nous nous sommes rendus chez cet homme. Il a reconnu avoir été ton ami autrefois et n'avoir plus jamais eu de tes nouvelles depuis la révolution. Il nous a également parlé de Boghrati qui lui avait téléphoné quelques jours plus tôt, l'informant qu'il souhaitait le rencontrer, ayant des choses importantes à lui dire te concernant. Monsieur Dehestani ne s'est pas rendu au lieu de rendez-vous, pensant à un traquenard. Il semblait honnête et m'a paru être la victime, comme toi, d'un maître chanteur ou d'un escroc. »

Rahmat releva la tête et, les yeux inondés de larmes, tant l'émotion avait été forte, dit :

« Ce Boghrati se promène en tenue religieuse. Vous n'aurez aucune peine à le cueillir. Je ne pense pas que l'imam veuille de telles ouailles autour de lui. Pourtant c'était un brave homme naguère, un peu fruste, mais toujours prêt à rendre service...

— Parlons clairement, Daneshvar, aurais-tu, comment dire, aurais-tu un marché à me proposer pour que je te relâche ? Tu sais que ta tête est mise à prix, mais si tu voulais cotiser aux œuvres sociales de la révolution, on pourrait s'arranger par la suite, qu'en penses-tu ? »

Lui aussi, alors, voulait se faire rétribuer ! Mais par qui donc le pays était-il régi depuis bientôt une

Un procès sans appel

année ? Des aigrefins, des voleurs, des bandits de grand chemin qui n'avaient ni foi, ni loi ?

« Mes biens ici sont essentiellement immobiliers, je pense que vos services le savent. J'ai ma maison de Chemiran, ma propriété du Nord, des bureaux et des sociétés en ville et des affaires à l'étranger. Mais je n'ai pas de liquidités, si c'est ça que vous voulez dire. Si les œuvres sociales de l'imam veulent prendre ces choses-là, elles le peuvent, si ce n'est déjà fait. Dans mes maisons, il doit certainement encore y avoir des meubles, des tapis, des tableaux, mais pas d'argent, pas de bijoux, pas de valeurs... Vous pouvez aller le constater vous-même...

— Tes deux maisons sont habitées par des dignitaires de la République et appartiennent désormais à la nation. Tu n'as plus rien, tu entends, tu n'as plus rien... Mais si, par hasard, quelque chose nous avait échappé, que quelque chose te revienne en mémoire, dis-le-nous, ça arrangerait beaucoup tes affaires, crois-moi. Et comme j'ai le bras long par ici, je pense être capable de te rendre quelques services très appréciables... Tu vas retourner dans ta prison, maintenant, et nous nous reverrons dans très peu de temps, je te le promets. En attendant, médite encore sur ce que je t'ai proposé : deviens un bon musulman et tout s'arrangera. D'autres, de ta secte, n'ont pas réfléchi longtemps, et n'ont pas à se plaindre aujourd'hui. On les a mis à la retraite sans solde, mais au moins ils vivent dignement et ne peuvent que louer notre imam vénéré pour sa clémence. »

Le Docteur se leva et appela les gardes. Rahmat fut emmené hors de la Préfecture et une heure plus tard, il était enfermé dans une cellule. Il ne savait pas où il était. Hors de la ville certainement, peut-être vers le haut de la capitale, apparemment désert, car aucun bruit ne lui parvenait de l'extérieur. L'hiver était là, le froid était intense et sa geôle glaciale. Une seule couverture, une tasse de thé de temps en temps et personne à qui parler.

Il y avait environ un an, la plupart de ses amis avaient quitté le pays. Lui voulait y rester aussi longtemps que la famille impériale y demeurerait. Un gouvernement militaire expédiait les affaires courantes et bien que l'Occident se fût ému de la nomination par le shah d'un général, un quart de siècle après le putsch de la CIA qui avait également établi un gouvernement de généraux, Rahmat savait que le nouveau Premier ministre, Azhari, était un faible, doublé d'un cardiaque, et que le pays filait droit à la guerre civile.

On tirait dans les rues de la capitale, surtout dans le quartier des universités. Quiconque avait une revendication, une requête, un litige avec un voisin ou l'administration, s'emparait d'un fusil ou d'une

Un procès sans appel

grenade et allait se faire justice. Premières victimes de mini-pogromes : les juifs, les Arméniens, les bahaïs, les zoroastriens, les sunnites, quelques ismaïliens et de riches commerçants chiites jugés trop serviles à l'égard du Palais. On pillait les bijouteries, on dévalisait les magasins de vêtements, on mettait sur pied des commandos contre les centrales alimentaires. C'était la loi de la jungle, la loi du plus fort, les bandes les mieux entraînées et équipées étaient les mieux servies.

Seul dans sa villa des quartiers nord, Rahmat sortait peu de chez lui. Il avait été intercepté deux ou trois fois par des individus ivres sur l'ancienne route de Chemiran et au carrefour de Gholhak. Une fois, devant la caserne de Saltanat-Abad, il dut s'arrêter devant un barrage de militaires qui s'approchèrent de lui, mitraillettes prêtes à tirer. Pour la première fois de sa vie, il voyait une arme pointée sur lui, ce n'était plus du cinéma.

Il avait coupé son moteur et attendait. Trois soldats très jeunes s'étaient approchés à pas lents, le casque enfoncé sur les yeux. Quand ils furent à deux mètres de lui, il baissa sa vitre en signe de bonne volonté et dit :

« Que puis-je pour vous, messieurs ? »

Les trois soldats, interloqués, se regardèrent et ne dirent toujours rien. Deux d'entre eux firent plusieurs fois le tour de la voiture en silence, le troi-

L'interrogatoire

sième pointant toujours son arme sur Rahmat. L'un des trois dit enfin :

« Ouvrez votre coffre, Monsieur. »

Daneshvar s'exécuta. Deux cageots de fruits, un de légumes, une glacière contenant de la viande et du lait, deux couvertures, des chaînes, une caisse à outils furent inspectés par l'un des soldats.

« Où avez-vous trouvé cette nourriture ? » demanda l'autre. Rahmat fut surpris. L'armée, fer de lance de la nation depuis vingt-cinq ans, était-elle soudain si mal nourrie que trois soldats viennent mendier ainsi au milieu de la chaussée, devant la porte principale de la caserne ?

« En ville, avenue Eslambol, où je fais toujours mes courses. Pourquoi cette question ? »

Un quatrième soldat, visiblement un gradé, s'avança et dit :

« Nous n'avons plus été ravitaillés depuis trois jours, et nous pensions peut-être... enfin... si Votre Excellence avait la bonté de nous aider un peu... Nous sommes une vingtaine ici qui n'avons plus mangé depuis hier matin... Vous nous comprenez, n'est-ce pas ? »

Rahmat déchargea ses cageots de fruits et de légumes, et une partie de sa viande. Avant de les quitter, l'ancien gouverneur leur promit de passer le lendemain pour voir si la situation s'était améliorée. Ce qu'il fit d'ailleurs durant plusieurs jours. Pendant deux semaines, il s'arrêtait tous les soirs devant la caserne, bavardait quelques instants avec les plantons, offrait quelques cigarettes et avait droit aux honneurs militaires. Il fut arrêté, quand Azhari démissionna le tout dernier jour de l'année 1978 et que Chapour Bakhtyar prit le pouvoir.

Un an déjà qu'il vivait dans la terreur, comme un paria, évitant tout le monde, fuyant tout ce qui avait été son monde, dans le seul but de sauver sa peau et de pouvoir un jour retrouver sa femme et ses enfants dont il n'avait plus la moindre nouvelle depuis quinze mois.

Les journées se succédaient, monotones et silencieuses, au rythme d'un breuvage chaud par heure, un peu de nourriture qu'à la longue il finit par trouver supportable, le matin et le soir, un broc d'eau pour les ablutions et les appels à la prière transmis par haut-parleur.

Il ne connaissait rien de la situation du pays, il aurait voulu en savoir plus sur l'affaire de l'ambassade américaine, apprendre le nom des ministres qui gouvernaient, bref être tenu au courant de la vie de son pays en écoutant une radio ou en lisant un journal. Il était mis en quarantaine et cette solitude lui pesait. Au moins, quand il se cachait dans la foule parvenait-il à parler, à s'informer, à échanger

L'interrogatoire

quelques paroles. Mais depuis son retour sous bonne garde d'Enzéli, il n'avait pu communiquer avec personne.

Il venait de s'endormir quand trois hommes entrèrent sur la pointe des pieds, le bâillonnèrent, le ligotèrent et le transportèrent au sous-sol.

Rahmat était terrifié. Bras et jambes entravés, il fut jeté sur le sol avec brutalité, sa tête heurtant violemment le carrelage.

D'autres individus s'approchèrent de lui. Il n'en eut qu'une image confuse. Rahmat ressentit les premières douleurs dans le bas de son dos, puis au niveau du cou, du ventre et des genoux. On le frappait avec des objets durs à la tête, sur les mains et sur les pieds, au bas-ventre et à la poitrine. Il aurait voulu hurler, mais son bâillon l'en empêchait. Il s'évanouit au bout de quelques minutes et le chef des tortionnaires arrêta ses acolytes.

« Ça suffit... J'espère que ça lui aura servi de leçon... Laissons-le ici. Vous le ramènerez plus tard, quand il aura repris connaissance. Pour l'instant, ôtez-lui son bâillon pour qu'il puisse respirer. Le chef veut le voir ce soir. »

La porte claqua et Rahmat fut laissé sur les carreaux tachés de sang. Il ne pouvait plus bouger, il ne pouvait ni parler, ni hurler.

Il s'évanouit une seconde fois.

Un procès sans appel

L'homme qui se penchait sur lui avait un turban noir, une barbe grisonnante, d'épais sourcils broussailleux et des yeux aux orbites profondes. La peau trouée de son visage signifiait qu'il avait eu autrefois la petite vérole. Son haleine sentait l'ail.

« Daneshvar... Réveille-toi... »

Il le secoua. Rahmat hurla de douleur.

« Daneshvar, acceptes-tu de renier ta foi ? Est-ce que tu m'entends ? »

Rahmat entendait, mais était incapable de répondre. Dans le lointain lui parvenait la voix du mollah lui posant la même question, sans interruption. Puis plus rien.

« Prisonnier Daneshvar, ton procès commence demain. Sois prêt. Connais-tu un avocat ? Sinon, il t'en sera fourni un d'office. »

Trois jours après les sévices, on allait le juger. Comment était-ce possible, il ne tenait même pas debout...

6

LE PREMIER PROCÈS

Le procureur général de la République islamique entra dans le prétoire, suivi de ses deux assesseurs. Hossein Sanéi était un homme redouté et redoutable. De petite taille, un nez proéminent surmonté de fines lunettes métalliques, un turban noir sur la tête et la barbe mal taillée, il avait été pendant deux années garde-chiourme, puis directeur de la sinistre prison d'Évine, au nord de la capitale, où ses exactions avaient semé la terreur. Personne n'échappait aux commandos nocturnes qui enfonçaient les portes des belles villas de Chemiran, pour s'emparer de tel ex-général, tel ancien ministre ou courtisan du Palais, dénoncés sous la torture par une victime de ce petit homme aux dents jaunes et au regard méprisant, sorti d'un asile d'aliénés où il avait séjourné durant les trois dernières années du régime impérial.

Sanéi s'installa, présidant une longue table où trois autres personnes prirent place. Un micro fut branché. Pendant une demi-minute, le procureur scruta la salle sans mot dire. Elle était comble et ses murs crasseux rendaient encore plus oppressante l'atmosphère lourde et moite.

Il ouvrit le dossier qu'un de ses adjoints venait de lui remettre. Il regarda Rahmat droit dans les yeux :

« Accusé Daneshvar, debout ! »

Rahmat, pieds et poings entravés par des chaînes, se leva péniblement. Son dos, ses reins, ses cuisses, ses mains, sa nuque le faisaient horriblement souffrir. Les coups qu'il avait reçus avaient été si violents que son oreille droite saignait encore et qu'il avait perdu deux dents.

« Plus vite, fils de pute ! » aboya l'accusateur.

Rahmat, debout, tentait de se tenir le plus droit possible en se cramponnant à la table. Ses phalanges avaient été écrasées et il avait du mal à contenir sa douleur. Ses jambes le soutenaient à peine.

« Nom, prénom, âge, profession... »

Rahmat avait des vertiges. Les mots martelaient sa tête, il transpirait abondamment.

Il se redressa du mieux qu'il put et marmonna :

« Daneshvar... Rah... Rahmat... J'ai quarante-sept ans et je suis commerçant...

— Répète, tu es quoi ? Quel métier exerces-tu ?

— Je suis commerçant...

— Et moi, je suis qui ? » lança Sanéi avec arrogance.

Daneshvar fit un effort sur lui-même, releva la tête et dit :

Le premier procès

« Vous êtes le procureur général de la République islamique.

— Alors, quand tu me réponds, dis à chaque fois mon titre avec infiniment de respect. Tu as compris ?

— Oui, Monsieur le Procureur général.

— Alors, tu disais que tu étais commerçant ?

— Oui, Monsieur le Procureur général... je suis commerçant.

— Tu te fous de moi ? Tu te fous de la justice de ce pays ?

— Non, Monsieur le Procureur général, je vous dis avec tout le respect que je vous dois que je suis commerçant, comme mon père était commerçant, et que je n'ai fait que du commerce durant toute ma vie.

— Tu appelles ça du commerce, toi : écoute un peu ça. Aide de camp de l'ancien shah, président de la fédération de tennis, secrétaire du ball-trap d'Iran, animateur du festival de musique et de danse de Persépolis, organisateur de mode et de défilés de mannequins, producteur de films, importateur de cassettes-vidéo érotiques, accompagnateur de personnalités étrangères en visite dans le pays, et j'en passe... Où est le commerce là-dedans ?

— Monsieur le Procureur, ainsi que vos dossiers doivent vous le confirmer, j'étais importateur de voitures étrangères, je dirigeais quatre hôtels, des

Un procès sans appel

restaurants, des cinémas, ma famille possédait des usines, des entreprises, nous travaillions avec des organismes d'État...

— Silence, voyou dégénéré : tu appelles ça faire du commerce, tu exploitais un petit peuple crédule et pauvre. Tu n'es qu'un escroc, un aventurier, un maquereau, un fils de pute, un sale youpin que nous allons exterminer. Mais je suis méticuleux et ordonné, j'ai tout mon temps, apparemment toi aussi. Alors, reprenons. »

Pendant une heure, Rahmat essaya tant bien que mal de répondre aux questions volontairement provocantes de Sanéi, même quand les demandes étaient sournoises, parfois très indiscrètes. Sans obséquiosité, mais avec courtoisie, il fit de son mieux pour tenter d'éclairer un juge ignare sur les subtilités du commerce international, sur les crédits à long terme et les investissements.

Sanéi, agacé par la manière dont Rahmat répondait, l'interrompait souvent, le traitant à chaque fois de sale juif, de youpin puant. Daneshvar souffrait en silence de ce flot d'injures racistes.

« Qu'as-tu bâti dans ce pays, toi et tes compagnies ? »

Intrigué par cette question, Rahmat réfléchit quelques instants :

« Deux hôtels à Téhéran, un à Ispahan, un à Shiraz, deux autres sur la Caspienne. Mes sociétés ont

Le premier procès

bâti les locaux du Club des Pétroles, ceux du Jockey-club, le stade de tennis, les stands de tir, l'Institut des Sciences, des immeubles d'habitation... »

Soudain, il se rendit compte du grotesque de ses réponses. Il leva les yeux vers Sanéi qui le regardait avec un sourire malin :

« Continue. Des cinémas, des hôtels, des stades, des piscines, des immeubles pour des étrangers... Et pour le petit peuple, celui qui a faim et celui à qui appartient ce pays, qu'as-tu fait? Réponds! »

Rahmat demeura silencieux.

« Réponds, ordure, qu'as-tu construit? »

Rahmat vacilla un court instant, passa le revers de sa main sur son front et regarda son tortionnaire :

« Un centre culturel avenue Bahar et deux garderies d'enfants... »

Sanéi ricana :

« Pour qui les as-tu fait construire?

— Pour des enfants en bas âge et pour de futurs musiciens...

— Musulmans? » aboya le procureur.

Rahmat était blême. Un léger vertige et il se raccrocha à sa table.

« Pour de jeunes musulmans?... Pour des Iraniens?

— Oui, Monsieur le Procureur général, pour des Iraniens.

Un procès sans appel

— Fais bien attention à ce que tu vas me répondre : tu as fait construire ces garderies pour des Iraniens musulmans ?
— Non, Monsieur le Procureur. »

Rahmat transpirait à grosses gouttes. Ses phalanges lui faisaient de plus en plus mal, ses orteils également, qui avaient été écrasés la semaine précédente et lui interdisaient toute station debout prolongée.

« Pour qui alors ? » hurla le procureur en se levant lentement, pointant son index vers l'accusé.

— Pour ma communauté, Monsieur le Procureur général, pour les bahaïs d'Iran. »

Sanéi abaissa lentement son bras et sourit à la salle silencieuse.

« Nous y voilà. Pour cette sale vermine de bahaïs, pour cette sous-classe de juifs nauséabonds et puants. »

La salle applaudit et Sanéi, fier de son effet devant un auditoire qui lui était totalement acquis, sourit de plus belle de ses dents jaunes et délabrées :

« Pourquoi de bons petits musulmans n'avaient-ils pas le droit d'étudier et de travailler dans ces centres que tu construisais ? »

Rahmat Daneshvar demanda respectueusement un verre d'eau avant de répondre.

« Tu boiras tout à l'heure, quand nous en aurons terminé avec toi. Réponds !

Le premier procès

— Les catholiques, les protestants, les Arméniens, les juifs et les zoroastriens ont leurs centres culturels, leurs écoles, leurs églises, nous aussi... »

Sanéi l'interrompit :

« Ce sont là des religions honorables, à part les juifs tes amis. Ces gens-là ne sont pas des espions à la solde d'Israël et des États-Unis. Nous les tolérons aussi longtemps qu'ils suivent nos règles et nos lois. Mais toi et les tiens, vous n'êtes rien d'autre qu'un ramassis de vautours et de voleurs. Par le passé déjà, bien avant que notre bien-aimé imam revienne en Iran, tes temples et tes écoles ont été abattus et détruits. On ne vous veut plus ici, et on vous exterminera jusqu'au dernier, où que vous soyez. Bahaï ou juif, c'est la même chose : profit, usure, escroquerie, chantage, trahison, vol. Toi et les tiens, vous n'êtes pas des êtres humains comme les autres, vous êtes des animaux qu'il faut exterminer, tu comprends ? »

Rahmat pleurait. Il souffrait horriblement mais tentait de rester digne malgré son accoutrement grotesque, son crâne tondu, sa barbe de plusieurs jours et les ecchymoses qui balafraient son visage.

« Reprenons, aboya le procureur, tu peux boire un peu d'eau. »

Rahmat prit à deux mains un gobelet de métal que lui tendait un huissier, mais avant qu'il n'ait pu porter l'ustensile à ses lèvres, l'objet lui échappa des mains et tomba sur un de ses pieds meurtris. Il poussa un petit cri de douleur et retomba sur sa chaise. Il se sentait défaillir.

« Debout, vermine... plus vite. »

La salle rit et Daneshvar, tant bien que mal, s'agrippa à la table pour se redresser.

« Dommage que tu n'aies pas apprécié l'eau que je t'offrais. Tu ne boiras plus maintenant. »

Et Sanéi se versa une grande rasade d'eau fraîche dans un verre, qu'il but à grand bruit. Il en offrit ensuite à ses adjoints.

« Une chose m'intrigue : tu répètes sans cesse que tu n'es pas juif. Pourquoi ? Aurais-tu honte d'être juif ?

— Je ne suis pas né juif, Monsieur le Procureur général, mes parents et grands-parents non plus, ceux de ma femme non plus. Si j'avais été juif, je vous l'aurais dit.

— Et pourtant, je vois ici sur les photocopies de ton ancien passeport que tu faisais régulièrement des voyages en Israël... Je vois que, pendant l'année 1978, tu y es allé au moins quatre fois. Je vois aussi que tu es actionnaire de la compagnie juive américaine Panam et le représentant de la compagnie sioniste de navigation Zim... Qu'as-tu à répondre ? »

Rahmat savait qu'il devait répondre avec prudence. Ses paroles étaient enregistrées, chaque mot

Le premier procès

était analysé, décortiqué et pourrait un jour se retourner contre lui et les siens :
« Notre grand temple se trouve à Haïfa et... »
Sanéi l'interrompit :
« Où ça, dis-tu ?
— J'ai dit qu'il était à Haïfa, Monsieur le Procureur général...
— Et où se trouve Haïfa à ton avis ?
— En Israël, Monsieur le Procureur général. »
Sanéi leva les deux bras au ciel et hurla :
« Et tu veux nous faire croire que tu n'es pas juif quand ton temple principal se trouve en Israël ? Mais est-ce que tu nous prends pour des imbéciles ? »
Tout chavirait dans la tête de Daneshvar : il voyait le dôme orange pâle du temple du mont Carmel, les ors et les richesses que lui et les siens y apportaient en offrande plusieurs fois par an, les cérémonies fastueuses sous un chaud soleil méditerranéen, la joie des familles.
« Réponds, chacal !
— Quand mes ancêtres et leurs amis ont choisi ce lieu de prière, au siècle dernier, il appartenait alors à l'Empire ottoman et s'appelait Saint-Jean-d'Acre. Le mont Carmel était sous la juridiction du sultan de Constantinople. Ce n'est que depuis la fin de la Seconde Guerre mondiale que Haïfa se trouve en Israël. Avant, non... »
Daneshvar était à bout de souffle ; il ne tenait debout que par miracle.

Un procès sans appel

L'accusateur reprit, avec plus de violence :
« Pourquoi n'avez-vous pas transféré votre temple ailleurs quand ces salauds d'Israéliens se sont emparés par la force de cette ville ? »

Que répondre à une question si stupide, et qui ne méritait d'ailleurs aucun commentaire ?

Très lentement, Rahmat glissa le long de la table et s'affala sur le sol.

Il se réveilla vers la fin du jour au fond de son cachot. Tout son corps était endolori, il souffrait de manière insupportable.

Il ouvrit lentement les yeux. A cinquante centimètres de son visage, un gros rat noir mangeait dans sa gamelle. Il regarda avec effroi la bête vorace. Depuis un mois, dans cette cave humide et insalubre, il partageait son existence avec des rongeurs et un couple de chauves-souris pendues au-dessus de sa tête.

Alors, il se rappela... Les chauves-souris, quelque part dans le Nord de l'Iran. Mais où était-ce donc ? Ramsar, Kalardacht ou encore Babol ? Il entendait les cris d'un familier du shah qui sortait précipitamment d'une des écuries impériales :

« Des chauves-souris ! Au secours... des chauves-souris... Venez vite !... »

On avait enfumé le local dans lequel les mammi-

Le premier procès

fères vivaient, puis on les avait exposés tels des trophées de chasse, véritablement hideux, rampant sur le sol à demi assommés. Un des valets frappait avec violence pour les exterminer, et les chiroptères, apeurés, poussaient des cris plaintifs.

Plus les domestiques cognaient et plus les invités du couple impérial semblaient grisés par cette mise à mort barbare. Il y avait du sang partout, sur le sol, sur les murs, sur les vêtements et les mains des bouchers qui frappaient de plus en plus fort avec des pelles, des râteaux et des manches de pioche.

Rahmat s'était éloigné de cette foule en délire, où maîtres et valets communiaient dans la même hystérie, hurlant et gesticulant devant ce massacre absurde.

Puis, avec un peu de pétrole, le feu avait été mis à une sorte de bûcher qui répandit une odeur âcre et désagréable sur tout le parc.

Les commentaires allaient bon train : il fallait exterminer ces sales bêtes... Comment de telles créatures pouvaient-elles exister ?

Ces mots résonnaient dans la tête de Rahmat, tandis qu'il gisait sur le sol, incapable de bouger, regardant le rat qui dévorait son repas. Épuisé, le corps brisé, les mains et les pieds enflés, il parvenait à peine à remuer doigts et orteils. Depuis combien de

Un procès sans appel

temps gisait-il ainsi ? Il ne se souvenait plus de rien. Il revoyait la tête du procureur, d'un de ses adjoints aux dents cariées qui riait en le regardant.

Le rongeur le fixait de ses yeux rouges. Il était à quelques centimètres de son visage. Il sentait le souffle de la bête, il apercevait ses dents. Réunissant ce qu'il lui restait de forces, il roula sur le sol en poussant un cri et heurta durement le mur de sa geôle.

Les yeux de Rahmat scrutèrent les ténèbres pour chercher le rat. Il avait disparu dans la pénombre.

Les nuits étaient devenues des cauchemars pour l'ancien gouverneur de la banque centrale. Tout juste parvenait-il à dormir deux ou trois heures. Régulièrement, sa cellule était allumée, des portes claquaient, on lui ordonnait de se lever, puis de se recoucher. On le fouillait, plusieurs fois de suite on lui ordonnait de se déshabiller, puis de se rhabiller, on retournait son lit et le peu d'effets qu'il possédait. Quand la lumière s'éteignait à nouveau, il avait du mal à retrouver le sommeil et les images du passé hantaient son esprit. Il ne parvenait même plus à pleurer.

Il entendait souvent un voisin se plaindre en gémissant des nuits durant. Il était fréquent que des coups de feu claquent à l'aube. Dès lors, il ne se ren-

Le premier procès

dormait plus. La justice avait fait son travail, un prisonnier avait été passé par les armes, il ne saurait jamais qui...

« Accusé Daneshvar, debout ! »

Deux gardes-chiourme empoignèrent Rahmat sous les aisselles et le forcèrent à se lever. Le prisonnier ne tenait pas sur ses pieds et glissa lentement sur le banc, puis sur le sol. Il y eut un murmure dans le public. Puis le silence se fit.

Sanéi se dressa, se pencha en avant pour mieux voir sa victime recroquevillée sur le sol, puis ordonna aux deux gardiens :

« Relevez-moi cette larve... Et faites en sorte qu'elle tienne debout, sinon je m'en chargerai personnellement !

— Daneshvar, m'entends-tu ? »

Rahmat ne put répondre. Sa tête penchait sur la droite, laissant apparaître une plaie mal soignée au cou. On aurait dit une morsure d'où le sang perlait.

« Daneshvar, je t'ordonne de me répondre... M'entends-tu ? »

Le procureur islamique hurlait dans son micro, mais le prévenu ne broncha pas.

« Monsieur le Procureur général, le prisonnier est blessé et saigne... »

Sanéi l'interrompit :

Un procès sans appel

« J'ai bien vu, mais le sang ne coule pas de ses oreilles. Je sais qu'il m'entend, et il ne veut pas me répondre. Secouez-le fort, plus fort ! »

Tel un pantin désarticulé, Rahmat fut bousculé, malmené pendant quelques dizaines de secondes, mais rien n'y fit : il avait perdu connaissance.

« Allongez-le sur le banc, frappez-le au visage, plus fort... encore plus fort... Versez-lui de l'eau sur la tête... Allons, dépêchez-vous, le procès doit continuer. »

Un infirmier accourut du dispensaire, puis on fit venir le médecin-chef du pénitencier. Il fit son rapport au procureur et il fut décidé que l'audience reprendrait le lendemain.

Mains et pieds enchaînés, Rahmat Daneshvar faisait face à son accusateur pour le troisième jour consécutif. Il s'était levé avec peine quand la cour avait fait son entrée dans le prétoire, puis s'était assis avec d'infinies précautions.

« Qui t'a dit de t'asseoir ? Debout ! »

Le procureur Sanéi reprit :

« Alors, monsieur Daneshvar, on va mieux, ce matin ? On a passé une bonne nuit ? »

Que devait-il répondre ? Le regard sarcastique du magistrat l'épiait avec mépris. Il baissa les yeux.

« Je t'ai posé une question. Je ne la répéterai pas.

Le premier procès

— Oui, Monsieur le Procureur général.
— Oui, quoi?
— Oui, Monsieur le Procureur général, je vais un peu mieux ce matin grâce aux soins du médecin. »
Sanéi insista :
« Un peu mieux, ou mieux?
— Un peu mieux, je le regrette. »
Rahmat essayait de faire bonne contenance. Ses chevilles et ses poignets entravés rongeaient sa chair. Ses ongles arrachés l'élançaient, ses dents le lancinaient. Mais il fallait qu'il tienne. Il s'accrocha à la table afin de ne pas tomber.
« Reprenons où nous en étions : tu disais, l'autre jour, que ton temple se trouvait en Israël et tu voulais me faire croire que tu n'étais pas juif. C'est bien ça? »
Rahmat approuva de la tête.
« Tu disais également — je reprends tes paroles : " je ne suis pas né juif, mes parents et grands-parents non plus... ceux de ma femme non plus "..., etc. »
Rahmat hocha la tête en signe d'approbation.
« Alors, si toi et tes parents, ainsi que ceux de ta femme ne sont pas nés juifs, vous êtes nés quoi?
— Ainsi que je vous l'ai dit, Monsieur le Procureur général, je suis né dans la foi bahaïe. »
Le magistrat marqua un temps de répit, but une gorgée d'eau et reprit ses questions :

Un procès sans appel

« Ça, nous le savons, toi et les tiens, et tes amis, n'êtes qu'un ramassis de chiens de bahaïs, des ennemis du peuple et des traîtres à la nation. Si tu n'étais pas un de ces bâtards, tu ne serais pas ici devant nous et tu n'aurais pas permis aux tiens de fuir le pays pour comploter avec des agents sionistes contre nous... »

Il y eut un murmure dans la salle, puis des cris hostiles, mais tout redevint silencieux quand Sanéi, à moitié dressé sur son siège, hurla :

« Comme je crois savoir que ta prétendue religion a été fondée par une bande de conspirateurs au siècle dernier, peux-tu me dire à quelles croyances obéissaient tes arrière-grands-parents et ceux de ta femme avant la création de votre secte ? »

Rahmat redoutait cette question, mais il savait que, un jour ou l'autre, elle lui serait posée. Il choisit avec prudence les mots qu'il allait prononcer. Chacun avait son importance et il savait que la moindre erreur lui serait reprochée par la suite.

« Vous voulez dire : à quelle religion mes parents et leurs ancêtres appartenaient-ils avant de devenir des bahaïs ?

— C'est exact... Étaient-ils juifs, par hasard ?

— Non, Monsieur le Procureur général ; ils n'étaient pas juifs.

— Alors, qu'étaient-ils ? »

Rahmat se cramponna avec un peu plus de

Le premier procès

vigueur à la table, tenta de se redresser un peu, et répondit d'une voix faible :

« Ils étaient musulmans. »

On aurait entendu une mouche voler. Le silence dura une bonne vingtaine de secondes. La salle entière regarda Sanéi dont le visage n'exprimait pas la moindre émotion.

« Veux-tu me répéter ça ?

— Mes ancêtres, et ceux de ma femme aussi, étaient tous des musulmans.

— Tu veux dire des musulmans sunnites, comme les Arabes, ou encore les Turcs ?

— Non, Monsieur le Procureur, ils étaient tous des musulmans chiites, comme les Iraniens. »

Très lentement, Sanéi s'était levé de son siège, fixant ardemment Rahmat qui avait baissé la tête. Il contourna la table derrière laquelle il était assis et à pas lents, descendit de l'estrade. Il s'arrêta à deux mètres de Daneshvar.

« A ton avis, pourquoi tes grands-parents, ou leurs parents ont-ils soudain renoncé à l'islam, notre vénérée religion ? Comme tu as été pendant de longues années un représentant influent de ta secte, tu as sûrement dû te poser la même question et y trouver une réponse ? Prends ton temps, je veux essayer de comprendre. L'islam ne vous plaisait-il donc pas ? »

Rahmat se mit à trembler. Allait-il une fois

encore défaillir et se donner en spectacle ? Pourquoi ? Pourquoi toutes ces questions dont les réponses ne seraient pas écoutées ?

« Pourquoi ? hurla Sanéi en se penchant vers l'accusé.

— Mes ancêtres étaient des gens pauvres originaires de la ville de Shiraz. Ils avaient pour voisin Seyed Ali Mohamad, aussi pauvre qu'eux, aussi pieux qu'eux. Non seulement il leur parlait de Dieu et de son prophète Mahomet, mais également d'autres messagers du Tout-Puissant : Abraham, Krishna, Moïse ou encore Jésus. Tous sont égaux dans nos cœurs, tous doivent être respectés et aimés, disait-il. Tous les habitants du quartier écoutèrent le jeune homme, des mollahs aussi, et tous furent convaincus car Seyed Ali Mohamad parlait avec amour et respect de Dieu.

— Parce que, à ton avis, notre bien-aimé prophète Mahomet n'a pas su parler avec assez d'amour et de respect de Dieu ?

— Ce jeune homme parlait aussi du prophète Mahomet avec dignité et respect, ainsi que de tous les califes qui lui succédèrent.

— Et de qui parla-t-il également ?

— Ainsi que je vous l'ai dit, Monsieur le Procureur général, des autres grands prophètes des religions qui croient en un seul Dieu, ainsi que de Zoroastre, que vénéraient les anciens Perses, de Mahomet... »

Le premier procès

Sanéi leva la main, la maintint quelques instants au-dessus de la tête de Rahmat et se ravisa :

« Blasphémateur ! Immonde individu ! Tu as osé prononcer en dernier le nom très auguste de notre prophète ? Mais comment oses-tu commettre un tel sacrilège ? »

Rahmat eut un léger mouvement de recul. La tête de Sanéi, penché sur lui, était à quelques centimètres de la sienne. Il sentait son haleine qui puait l'ail.

« Je ne blasphème pas, loin de moi cette pensée, Monsieur le Procureur général, mais je vous cite la liste des prophètes telle que nous l'enseignons. C'est parce que le très vénérable Mahomet est venu au monde et a enseigné après Abraham, Bouddha et le Christ que je l'ai cité à leur suite. »

Rahmat s'arrêta un court instant, regarda le procureur dans les yeux et ajouta :

« Et notre prophète à nous, les bahaïs, que l'on appelle le Bab, et qui est mort fusillé par les royalistes de l'époque il y a environ cent trente ans, termine cette liste de saints hommes qui ont enseigné avec ferveur et amour la parole de Dieu... »

Daneshvar n'eut pas le temps de finir sa phrase : la main droite de Sanéi s'était abattue avec violence sur sa figure, en même temps que le magistrat vociférait :

« Salaud ! Fils de pute ! Bâtard !... »

Un procès sans appel

Rahmat tomba à la renverse, sa tête heurta la banquette derrière lui et il s'effondra sur le sol, les jambes recroquevillées sous lui.

« Debout, vermine ! » hurlait le procureur en lui assenant des coups de pied dans les reins.

Deux gardiens s'étaient précipités pour soulever le prisonnier qui ne parvenait pas à tenir sur ses jambes. On l'assit sans ménagement sur sa chaise, la tête pendant sur le côté. Un filet de sang coula sur son front.

« Relevez-moi cette ordure, allez... Plus vite ! »

Toute la salle s'était dressée pour assister à la poursuite de ce combat inégal. Des cris fusèrent :

« Tuez-le ! Allez-y, cognez-le ! Liquidez cette vermine ! Dieu est grand et Mahomet est son seul prophète !... »

On avait relevé Rahmat dont le visage était couvert de sang. Il hoquetait, les yeux fermés, les lèvres tuméfiées.

Une nouvelle fois, la main baguée du procureur s'abattit sur son visage, rejetant la tête du prisonnier vers l'arrière. Le public manifesta son contentement et applaudit. On se serait cru dans une arène plutôt que dans un prétoire. Même les trois journalistes de service, qui relataient depuis des semaines une série de procès politiques d'anciens dignitaires du régime, encourageaient le procureur et lui prodiguaient leurs conseils.

Le premier procès

Trois fois, quatre fois, cinq fois peut-être, on releva Daneshvar et Sanéi frappa l'homme ensanglanté maintenu debout tel un pantin désarticulé.

Le procureur leva enfin le bras et, priant chacun de regagner sa place, réclama le silence. Il dit :

« C'est Mahomet et Mahomet seul qui est le véritable envoyé de Dieu sur terre. C'est Mahomet qui est son seul prophète. Les autres ne sont que des usurpateurs ! »

Et la salle en délire reprit en chœur :

« Mahomet est le véritable envoyé de Dieu sur terre, les autres ne sont que des usurpateurs. »

Des incantations, puis des prières s'élevèrent et un homme cria :

« Mort aux bahaïs ! Mort aux bahaïs ! »

Et la salle reprit :

« Mort aux bahaïs ! Mort aux bahaïs ! »

Le même homme poursuivit :

« Mort à Daneshvar ! »

Et le public surenchérit :

« Mort à Daneshvar ! Tout de suite ! Aujourd'hui ! Débarrassons-nous de lui tout de suite ! »

Pendant ce temps, Sanéi se lavait les mains dans une écuelle qu'un assistant avait apportée, et tandis qu'il se les essuyait, il sourit à la salle déchaînée ; quand il eut terminé ses ablutions, et passé une serviette humide sur son visage, il prit l'écuelle à deux mains, s'approcha à pas lents de sa victime, s'arrêta devant elle, cracha dans l'eau et envoya le contenant et le contenu à la tête du prisonnier. La salle applaudit à tout rompre, l'excitation était à son comble.

C'est seulement une semaine plus tard que le procès reprit. Rahmat avait le visage recouvert de sparadrap et une bande lui entourait la tête.

La salle d'audience était comble. On y distingua même pour la première fois une caméra de télévision et des observateurs étrangers, palestiniens, syriens et libanais. Mais pas la moindre femme, tout tchador étant interdit dans un prétoire, même quand on y jugeait une mère, une épouse ou une fille.

Sanéi avait l'air de bonne humeur. Il adressa à son auditoire un « bonjour messieurs, veuillez prendre place » et jeta un regard furtif vers les opérateurs de la TV nationale. Les débats passeraient dans le journal du soir. Tout devait paraître conforme à la loi.

« Monsieur Daneshvar, nous allons reprendre les débats là où nous les avions laissés la semaine dernière. Comment allez-vous aujourd'hui ? »

L'ancien gouverneur tenta de se redresser, essaya de se lever, mais l'effort lui était insupportable.

« Exceptionnellement, vous resterez assis aujourd'hui, si vous le souhaitez. J'ai cru comprendre que

Le premier procès

vous aviez eu un malaise la dernière fois... Les médecins avaient demandé à la cour une suspension des débats de quelques jours. La cour l'a acceptée. Le médecin de la prison nous a informé que vous alliez mieux et nous en sommes heureux. Si vous avez encore des difficultés à vous tenir debout, je vous autorise à rester assis. »

Rahmat balbutia :

« Je vous remercie, Monsieur le Procureur général, je vais un peu mieux.

— M'entendez-vous bien ? Comprenez-vous ce que je vous dis ?

— Oui, Monsieur le Procureur, je vous entends, mais j'ai quelque peine à m'exprimer...

— Prenez votre temps, Monsieur Daneshvar, nous ne sommes pas pressés. Si vous avez un malaise, il y a un docteur dans la salle. »

Sanéi parcourut quelques feuillets et reprit :

« Vous nous disiez l'autre jour que votre famille était originaire de Shiraz et que, sur les conseils d'un personnage que vous appelez " Bab ", elle s'est soudain sentie attirée par une foi nouvelle. Pouvez-vous nous dire qui était ce " Bab " et d'où il venait ? »

Il y eut un long silence. Rahmat ne savait pas par où commencer. Il voulait parler de sa religion avec dignité et justesse. Sa tête lui faisait atrocement mal, sa mâchoire bougeait avec peine, ses tympans sifflaient.

Un procès sans appel

« Monsieur le Procureur général, je vais essayer, ainsi que mes parents me l'ont enseigné, et ainsi que je l'ai transmis à mes enfants, de vous dire en quelques mots comment le " Bab " est apparu. C'était il y a cent trente-cinq ans, dans la ville de Shiraz. Un jeune homme d'environ vingt-cinq ans, Seyed Ali Mohamad, dont les parents étaient d'humbles marchands de vêtements, un être pieux et érudit, fut reconnu par ses concitoyens et certains docteurs de la foi comme " celui qu'ils cherchent... "

— Qu'entendez-vous par " celui qu'ils cherchent ? " »

Daneshvar regarda intensément le procureur dans les yeux et répondit calmement :

« Celui que tous les musulmans cherchent depuis toujours, le " Mahdi ", le " saheb zaman ", le maître du Temps qui doit se révéler... »

Il y eut des murmures dans la salle, mais personne ne cria ni n'interrompit le prisonnier.

« ... C'est à Karbala, sur les lieux saints de l'islam, en 1843, que Seyed Ali Mohamad reçut ce que j'appellerai la révélation. Dieu lui apparut, il entendit sa voix et écouta la parole divine. Nous ne savons toujours pas aujourd'hui quel fut le message que le Tout-Puissant transmit à son humble serviteur, mais le jeune homme se sut désormais investi d'une mission sacrée : il devait unir les hommes de bonne volonté, leur parler de leur rôle sur la terre, les inci-

Le premier procès

ter à plus de bonté et de tolérance pour leurs semblables, plus d'amour pour leur prochain, plus de générosité aussi... »

Sanéi, quelque peu provocateur, l'interrompit :

« Mais les vrais religieux de l'époque ne furent-ils pas choqués quand soudain ils apprirent qu'un jeune homme sans expérience et peu connu venait de se proclamer le nouveau Mahdi ? Avouez quand même que la nouvelle avait de quoi surprendre ?

— Elle surprit, Monsieur le Procureur, et non seulement les hommes d'Église et les dévots, mais également une grande partie de la population de Shiraz. »

Rahmat souffrait, mais il surmonta sa douleur. On avait envie de l'écouter aujourd'hui, eh bien, il parlerait et on l'écouterait.

« Nuit et jour, Seyed Ali Mohamad fut questionné ; on lui posa les questions d'exégèse les plus compliquées et, à la stupéfaction de tous, il y répondit en arabe, langue qu'il connaissait à peine et qu'il avait découverte quelques mois plus tôt à Karbala. Il commenta des sourates du Coran à la plus grande surprise des religieux présents et...

— Monsieur Daneshvar, interrompit Sanéi, quelque peu agacé par l'éloquence du prisonnier... Monsieur Daneshvar, je vous en prie, vous n'êtes pas dans cette salle pour nous faire un cours et tenter de nous convaincre. »

Un procès sans appel

Rahmat fut quelque peu décontenancé par cette réflexion :

« Non, Monsieur le Procureur, pas du tout. J'essayais simplement de répondre à votre propos. Je pense, en effet, que les religieux de ce temps ont été très surpris par les connaissances indubitables de Seyed Ali Mohamad, que l'on appréciait dans sa ville certes comme un jeune homme pieux, mais pas comme un expert.

— C'est ainsi, voulez-vous nous faire croire, que quelques dizaines, puis des centaines et enfin des milliers de musulmans décidèrent du jour au lendemain de renier leur foi et de suivre cet inconnu qui leur prêchait la bonne parole ?

— Cela s'est fait peu à peu. De tout le pays, des gens ont accouru vers lui, des gens simples, mais aussi des religieux éminents et même des personnes de l'entourage du shah, des hommes et des femmes de toutes conditions...

— Monsieur Daneshvar, je crois que j'en ai assez entendu pour aujourd'hui. Je pense que vous avez conscience de ce que vous venez de dire ? »

Rahmat ne dit rien, jeta un bref regard vers la foule et ne vit que des visages haineux et hostiles.

Le procureur reprit :

« Vous voyez ce qui est inscrit sur le mur, derrière moi ?

— Oui, je le vois.

Le premier procès

— Pouvez-vous nous le lire à haute voix?
— « Au nom de Dieu, clément et miséricordieux. »
— Quel est votre commentaire?
— Je trouve que c'est une très belle phrase qui résume à elle seule ce que le Tout-Puissant représente, la bonté et la tolérance. Ces mots figurent également dans nos prières.
— Vous nous les avez volés!
— La bonté et la clémence de Dieu sont inscrites dans toutes les prières des hommes de cette terre, quelles que soient leurs confessions, car elles sont l'essence même du Tout-Puissant.
— Voyez-vous le portrait qui figure en dessous de cette phrase?
— C'est celui de l'imam Khomeini, Monsieur le Procureur.
— Que pensez-vous de lui? »
Rahmat réfléchit un très court instant. Il savait que chaque mot aurait son importance:
« Je pense que pour les personnes de votre religion, c'est un homme pieux et bon, qui propage la parole de l'Éternel et du prophète Mahomet avec justesse et conviction.
— Croyez-vous en Dieu, Monsieur Daneshvar?
— Très certainement, Monsieur le Procureur, et de toutes mes forces.
— Et que pensez-vous du prophète Mahomet?
— Je le reconnais comme tel et il est un des plus grands hommes que le monde ait connus.

Un procès sans appel

— C'est tout ? »
Rahmat hésita, puis dit :
« Il est, comme Abraham ou le Christ, un des personnages essentiels de l'histoire, son enseignement s'est propagé parmi un milliard d'êtres humains et pour ceux qui ont eu le privilège de l'approcher et de le connaître, c'était un homme bon, tolérant, humble et généreux.
— Je vous remercie, Monsieur Daneshvar. Gardes, raccompagnez le prisonnier dans sa cellule... »
La séance fut levée.

Rahmat n'eut pas le temps de se coucher sur son matelas que la porte s'ouvrit. Sanéi lui faisait face, hilare. Le procureur s'avança lentement, en fixant le prisonnier. Le directeur de la prison et deux sbires l'entouraient. Rahmat tenta de se lever, mais un coup violent porté derrière sa nuque le fit basculer vers l'avant et tomber sur le sol. En un éclair, il sentit un soulier lui enfoncer le front et l'expédier contre le mur de la cellule. Sa tête heurta le tuyau du lavabo et il perdit connaissance.
Il fut hissé et jeté sur sa paillasse. Un broc d'eau lui fut envoyé au visage. On le frappa avec insistance, on le secoua par les épaules. Le prisonnier entendait des voix, mais ne les comprenait pas. Il entendait hurler, mais il était incapable de se ressai-

Le premier procès

sir. Il avait la sensation de s'enfoncer lentement dans un puits, des mains essayaient de l'agripper, mais rien n'y faisait, il glissait vers le fond. Était-ce l'au-delà ?

« Réveillez-moi ce salaud, tout de suite, hurlait le procureur général islamique. Dépêchez-vous, bande d'incapables. »

Le directeur de la prison intervint :

« Éminence, souhaitez-vous que j'aille chercher le médecin de l'établissement ?

— Surtout pas, crétin. Seriez-vous devenu fou pour me poser une telle question ?

— Mais je pensais...

— Surtout, ne pensez pas, ne pensez surtout pas, ça vaut mieux. Il y a trop de gens qui pensent autour de moi.

— Voulez-vous que j'aille vous chercher une chaise, Monsieur le Procureur général ?

— Allez me chercher un verre d'eau ! »

Le directeur se dirigea vers le lavabo et y prit un verre qui traînait sur la tablette. Il le remplit et le présenta à Sanéi. Le directeur de l'établissement n'eut pas le temps d'esquisser le moindre geste : l'ustensile et son contenu lui avaient été expédiés en plein visage avec une violence inouïe :

« Allez me chercher de l'eau fraîche et propre, soit aux cuisines, soit dans votre bureau. Pressez-vous, espèce de taré, sinon je vous fais remplacer avant ce soir et je vous mets aux arrêts !... »

Un procès sans appel

Pendant ce temps-là, les deux acolytes ne parvenaient toujours pas à ranimer Daneshvar. Ils jetaient des regards apeurés vers Sanéi de plus en plus excité.

« Alors quoi, vous me le réveillez ou quoi... Je n'ai pas fini de l'interroger... Plus vite! »

Rien à faire. Rahmat était inconscient et son teint d'une extrême pâleur.

« Laissez-moi faire, bande d'incapables. Vous allez voir comment je mate les ennemis de la République. Poussez-vous... Laissez-moi la place... »

Et d'un coup de coude, le procureur bouscula l'un de ses acolytes. Il empoigna le prisonnier par les cheveux et le dressa à moitié sur sa couche. La tête de Daneshvar pencha vers la droite, en direction de son tortionnaire. D'un violent revers de sa main libre, Sanéi frappa sa victime qui alla s'écraser contre le mur de brique. Il agrippa à nouveau la tignasse de Rahmat, redressa une fois de plus le corps désarticulé et cogna plusieurs fois son visage avec son poing fermé. Le sang gicla de la bouche, puis de l'arcade sourcilière et de l'oreille.

« Réveille-toi, salaud, tu ne m'auras pas à ce petit jeu! C'est moi qui aurai le dernier mot. »

Et devant ses deux sbires muets et le directeur de la prison revenu avec son verre d'eau, le procureur continua pendant plusieurs minutes sa séance de

Le premier procès

coups portés à la tête et au creux de l'estomac. Finalement, il laissa retomber sur la paillasse le corps disloqué et sanglant de sa victime, en vociférant ses injures racistes. Il cracha sur Rahmat, puis quitta la cellule.

« Laissez-le croupir et ne l'alimentez pas. Je veux qu'il crève... je veux qu'il crève! » hurla Sanéi sans un regard pour sa victime.

Le soir même, l'ancien gouverneur Daneshvar était transporté d'urgence à l'hôpital militaire N° 1 de l'ancienne avenue Pahlavi, au service des soins intensifs.

Au même instant, les écrans de la télévision iranienne montraient les images du procès modèle d'un ex-fonctionnaire de l'ancien régime, Rahmat Daneshvar, procès dans lequel l'inculpé avait le droit d'assumer sa défense, de commenter ses idées et de parler en toute liberté de sa religion.

Mâchoire fracturée en deux endroits, dents brisées, côtes enfoncées, traumatisme crânien important et rate éclatée, le prisonnier resta trois mois sous haute surveillance, au secret. Sa guérison fut lente, sa rééducation difficile. Quand il put de nouveau faire ses premiers pas à l'aide de deux cannes, il fut transféré dans une des anciennes villas d'été de

Un procès sans appel

la Couronne, sur les bords de la mer Caspienne, avec d'autres détenus.

Là encore, il lui fallut trois autres mois pour récupérer.

Fin juillet 1980, les prisonniers furent officiellement informés par leurs gardiens que le shah était mort en Égypte. Toute la nuit, Rahmat pria. Il venait de perdre un ami.

7

LE CHANTAGE

L'air vivifiant de la mer Caspienne avait été bénéfique à Rahmat et aux autres codétenus. Trois de ses voisins de dortoir étaient de vagues connaissances, mais pas une fois il ne put s'entretenir avec eux. Leurs moindres gestes étaient surveillés et tout échange de paroles strictement interdit. L'un était un ancien diplomate de second rang, qui avait dû être chargé d'affaires dans un pays de l'Est, l'autre un militaire attaché dans une ambassade et le troisième un doyen d'université.

Il ne faisait aucun doute qu'ils avaient reconnu Rahmat et malgré les instructions sévères, ils lui adressaient des regards pleins de déférence et de respect.

Les prisonniers les plus gravement atteints, comme Rahmat, avaient droit à une visite médicale bi-hebdomadaire. Les médecins chargés de ce camp semblaient compétents mais manquaient de moyens. Lentement, l'ancien aide de camp impérial avait pu recouvrer une partie de ses moyens physiques et son corps le faisait moins souffrir.

Un procès sans appel

L'été avait été chaud. Les bains de mer étaient autorisés deux fois par semaine, ainsi que les exercices physiques, les travaux des champs et le rapiècement de tapis et de tentures abîmés. Il avait beau connaître les deux cents kilomètres de sable fin qui s'étendaient de Babolsar à Ramsar, il était incapable de savoir où il était. Les détenus habitaient par groupes de vingt et disposaient d'un certain confort. Trois fois par jour, les hommes étaient réunis, soit pour des conférences d'endoctrinement politique, soit pour la lecture du Coran, soit encore pour les travaux agricoles. La prière était obligatoire, même pour les athées et les non-musulmans.

L'automne venait d'arriver et rien ne semblait devoir altérer le cours des choses quand tout le camp fut réuni un jour vers midi, toutes affaires cessantes. Une sorte de commissaire politique vêtu d'une tenue militaire, l'arme à la hanche et entouré d'une demi-douzaine de jeunes volontaires le fusil à l'épaule, monta sur une jeep avec un haut-parleur et hurla :

« Notre bien-aimée patrie a été agressée cette nuit par les troupes mécréantes de Saddam Hussein. Nous sommes en danger... Mais nos soldats se battent avec vaillance dans le Khouzestan et dans le Kermanchahan... Nous avons déjà repoussé l'ennemi en certains points... Yazid n'est pas mort ! Cette fois-ci, nous l'exterminerons...! »

Et curieusement, la totalité des prisonniers, d'une seule voix, leva le poing et répondit :

Le chantage

« Nous l'exterminerons !
— Vive l'imam Khomeini ! reprit le commissaire.
— Vive l'imam Khomeini ! » répondirent les détenus.

Tout le monde se regarda et, malgré les consignes, chacun se mit à parler avec son voisin, échangeant quelques propos furtifs.

L'homme reprit :

« Ce salaud de Saddam n'est pas seul ! Il a l'appui de certaines grandes puissances et des exilés qui trahissent leur patrie. Quelques généraux félons comme Ariana ou Oveissi, et ce traître de Bakhtyar à la solde de l'Amérique et du fils du shah déchu, pensent pouvoir nous reprendre ce que nous avons mis des années à obtenir. Eh bien, qu'ils viennent et ils verront comment nous les recevrons ! »

L'homme s'interrompit un instant, et ajouta :

« Qui que vous soyez, quelles qu'aient pu être vos fautes autrefois, votre devoir est désormais de servir la patrie et son chef bien-aimé... Les plus valides d'entre vous, ceux que les médecins jugeront aptes à porter l'uniforme, seront sélectionnés dans les prochaines heures. Les autres, les invalides, les mutilés, seront affectés à d'autres occupations plus tard. Demain, ce camp d'internement sera fermé et des autocars viendront vous chercher... Terminez ce que vous avez entrepris et regagnez au fur et à mesure vos dortoirs. Plus tard, je vous dirai ce qu'il

Un procès sans appel

convient de faire... Allez, maintenant, dispersez-vous ! »

Rahmat avait écouté ce discours non sans joie. L'Iran attaqué par le petit Irak, c'était certainement un coup des Américains et des exilés, ça ne faisait aucun doute. Était-ce le début de la fin pour les mollahs et leurs sbires ? Était-ce enfin le terme du long cauchemar qui l'avait séparé de sa femme et de ses enfants depuis deux années ? Il savait depuis longtemps que l'élite des généraux avait été exécutée et qu'un embargo très sévère n'autorisait pas l'Iran à se procurer des armes chez son seul et unique fournisseur : les États-Unis d'Amérique. Alors, de deux choses l'une : soit l'Iran, avec son formidable potentiel militaire qui en avait fait depuis des lustres la première puissance régionale, écraserait les Irakiens en quelques jours, soit l'Irak, très bien équipé de matériel soviétique et assisté d'experts russes était prêt à mener une guerre d'usure qui, au fil des mois, puis des années, finirait par saper le moral des ayatollahs.

Rahmat ne croyait pas en un putsch de militaires qui profiteraient de la situation et permettraient à un général de prendre le pouvoir et de se lancer dans une sévère chasse aux mollahs. Aucun des officiers supérieurs de l'ancienne armée impériale n'était demeuré aux affaires : les plus voyants avaient été liquidés, les plus malins avaient fui et les

Le chantage

moins représentatifs avaient été assignés à résidence. Une nouvelle génération d'officiers était apparue, peu capable de donner des ordres et d'affronter un ennemi surarmé. Ce n'était plus un Kriegsspiel dont l'ancien shah était friand et que Daneshvar avait souvent suivi au PC de commandement. Jamais l'Iran n'avait été en guerre avec un ennemi extérieur, seul à seul, durant ce siècle et la rutilante armée impériale avait surtout servi à mater les Kurdes, les Azéris, les Arabes du Sud ou quelques tribus hostiles au pouvoir central.

Tout se bousculait dans l'esprit de Rahmat. Depuis qu'il avait servi l'ancien régime, il était au courant de tant de choses qu'il était persuadé que, à un instant ou à un autre, le nouveau pouvoir allait lui demander conseil. Avec lui, il y avait certainement d'autres anciens hauts fonctionnaires, emprisonnés ailleurs et qu'il allait sans doute revoir dans les prochaines semaines, suivant la tournure que les événements allaient prendre.

« Daneshvar... Moghadam... Nasseri... Haghshenas... Fourouhar... »

Le commissaire politique égrenait une longue liste de prisonniers qui, immédiatement, montèrent dans un minibus, un maigre baluchon à la main. Ils étaient une vingtaine qui furent sélectionnés et partirent le soir même pour les environs de la capitale. Le véhicule roula toute la nuit, fit deux arrêts, et Rahmat constata que les militaires qui le gardaient, lui et ses codétenus, étaient un peu plus aimables avec lui, parlaient et plaisantaient même sur Saddam Hussein, les Irakiens et les Arabes en général. Lors de l'étape de Firouzkouh, tous purent se ravitailler et manger le « tchélo-kébab » national, dont il n'avait plus goûté le fumet depuis des mois.

Autre surprise : l'installation dans des bâtiments flambant neuf de Varamine, avec chambres individuelles et lavabos. D'autres prisonniers les y attendaient. Rahmat remarqua quelques visages, dont celui d'un ingénieur, de deux colonels, d'un homme d'affaires juif connu comme étant l'un des hommes les plus riches du pays. Mais pas un seul bahaï. Que devait-il en penser ? Avaient-ils tous été exterminés, avaient-ils fui ?

En cette fin du mois de septembre, Rahmat se sentait revivre. Il pouvait parler à ses camarades de détention, à ses gardiens, civils et militaires, il pouvait entendre les nouvelles à la radio et lire les journaux. Il ne doutait pas que le pays avait besoin de lui, de ses connaissances et des quelques secrets qu'il pouvait encore détenir. Pour le moment, malgré les communiqués triomphants, il savait que les troupes iraniennes reculaient, tant au sud que sur le front nord. Il était trop habitué à ce genre de propagande

Le chantage

pour s'illusionner un seul instant et croire que les ayatollahs avaient repris la situation en main. Pas un seul communiqué ne parlait de bombardements en Irak, de pilonnage aérien sur Bagdad, de capture de prisonniers adverses, de butin de guerre. Il n'était question que de combats héroïques, de lutte désespérée, d'actes de bravoure, bref tout ce que l'on sert généralement à la population quand on n'a rien d'autre à lui donner. Les autres prisonniers étaient de son avis.

Le surlendemain de leur arrivée dans le camp de Varamine, un homme jeune et barbu, apparemment un civil en treillis militaire, vint leur faire un discours de circonstance :

« Je m'appelle Mostafa Tchamran. Je suis le ministre de la Défense. Je sais qui vous êtes. Vous ne savez peut-être pas vraiment qui je suis, d'où je viens et quelles sont mes compétences. Mais une chose est certaine et je veux que vous vous l'ancriez bien dans votre tête : nous sommes tous des Iraniens et nous devons tous, ensemble, quelles que soient nos différences et nos sensibilités, faire face au même ennemi, qui nous a attaqués lâchement. A l'heure où je vous parle, la situation est grave : Abadan et Khorramshahr, nos deux villes les plus importantes du Sud, sont sous le feu des canons adverses. Et vous savez ce qu'il adviendrait de notre patrie si la route du pétrole était soudainement coupée.

Un procès sans appel

» Oui, je sais qui vous êtes et je sais ce que vous pouvez faire, pour racheter vos erreurs passées et obtenir votre élargissement une fois que tous ces salopards arabes auront été anéantis et renvoyés chez eux... »

Le discours dura une demi-heure, tantôt enflammé et patriotique, tantôt résigné et plus objectif. En fait, le ministre reconnaissait, sans le dire, que sur l'ensemble du front, les troupes iraniennes reculaient et que, dans le Nord, les populations kurdes hostiles à l'Iran, venaient prêter main-forte aux divisions irakiennes. Tchamran parlait de menaces sur Kermanchah, Ahvaz et Dezfoul, points stratégiques de la plus haute importance dans le dispositif de défense de la République islamique.

« Tous les anciens militaires qui sont ici, ainsi que les civils ayant travaillé pour l'armement ou la défense nationale, vont être séparés des autres. Ils seront transférés demain vers les zones des combats pour faire leur devoir et éventuellement assister les commandants sur le front. »

Mostafa Tchamran s'interrompit quelques instants, parlementa avec un officier qui se tenait à ses côtés, scruta les prisonniers qui se tenaient devant lui et dit :

« Rahmat Daneshvar est-il ici ? »

L'ex-aide de camp du shah se racla discrètement la gorge, se redressa un peu, et leva la main :

Le chantage

« C'est moi... je suis ici... »
Tchamran le fit avancer et lui dit à voix basse :
« Restez ici, je vous verrai tout à l'heure. »

Le camp de Varamine était quasiment vide. Il ne restait plus qu'une dizaine de détenus dont le richissime commerçant juif, un industriel arménien et un ancien ministre des Eaux et Forêts. La surveillance semblait s'être relâchée, les hommes allaient et venaient, parlaient, commentaient les informations de la radio ; on leur avait distribué des cigarettes et de l'eau minérale. Les quelques soldats qui étaient censés les garder leur adressaient la parole avec respect.

Tchamran et ses hommes étaient enfermés dans une salle de conférence et recevaient les uns après les autres les derniers prisonniers.

Puis vint le tour de Rahmat. Il n'avait pas peur, mais se sentait mal à l'aise. Il savait ce qu'on allait lui demander et ses réponses étaient déjà toutes prêtes. Mais allaient-elles satisfaire ce ministre sorti d'on ne savait où, dont il n'avait jamais entendu le nom et qui parlait le persan avec un fort accent arabe ?

« Installez-vous, Monsieur Daneshvar... Voulez-vous une cigarette ?... Voulez-vous du thé ?... Mettez-vous à l'aise. »

Un procès sans appel

Les verres teintés de l'homme gênaient Rahmat qui n'arrivait pas à percer le regard de son interlocuteur. Le visage était fin, la barbe bien taillée, la chevelure bien peignée. Trois hommes l'entouraient de chaque côté, parmi lesquels deux militaires de haut rang dont les noms apparaissaient sur les étiquettes. Rahmat ne les connaissait pas.

« Monsieur Daneshvar, je n'irai pas par quatre chemins et, à l'heure qu'il est, je devrais être de retour sur le front, au milieu de mes hommes qui se battent avec l'énergie du désespoir depuis de longs jours et de longues nuits, jusqu'à la limite de l'épuisement.

» Je l'ai dit tout à l'heure. Nous sommes tous des Iraniens, mais des Iraniens en danger. Qu'importe de quel bord nous sommes, d'où nous venons et quels furent nos parcours. Je sais... vous savez... nous savons tous ici autour de cette table que vous avez joué un rôle non négligeable du temps de la monarchie, comme aide de camp, mais également comme conseiller du roi déchu. Les fournisseurs du pays, vous les connaissez, les comptes en banque des Pahlavis à l'étranger, vous les connaissez, les agents étrangers à la solde de l'ancien shah, vous les avez rencontrés, les conseillers militaires discrets qui allaient et venaient dans le pays, vous savez qui ils sont... »

Le chantage

En tant qu'ancien gouverneur de la banque centrale, Rahmat connaissait bien tous les mouvements de capitaux qui s'étaient effectués durant les dernières années du régime monarchique, surtout depuis cette célèbre nuit de décembre 1973 durant laquelle le prix du pétrole avait explosé, passant en quelques instants de 3 à près de 12 dollars le baril, permettant ainsi à l'Iran et à tous les autres pays exportateurs de devenir les nouveaux maîtres de la planète.

Durant cette folle nuit pendant laquelle le shah et le ministre saoudien des pétroles Zaki Yamani avaient mis le couteau sous la gorge des grands cartels pétroliers et des démocraties occidentales, les rêves les plus extravagants avaient été formulés par Mohamad Reza Pahlavi. Il avait sa revanche après des décennies d'humiliation. Aujourd'hui, il les tenait à son tour, ces Américains, ces Européens, ces Japonais.

Avec un baril à 12 dollars, et même beaucoup plus dans les semaines à venir, face à un monde libre paniqué, il allait dicter désormais sa loi.

Rahmat se rappela sa convocation au Palais le lendemain de Noël, avec le Premier ministre Hoveyda, le ministre de l'Économie et des Finances et le patron des pétroles. Il revoyait le sourire béat du monarque qui riait encore du bon coup qu'il venait, avec les Saoudiens, de jouer au monde.

Un procès sans appel

Avant la guerre du Kippour, l'Iran gagnait environ 2 milliards de dollars par an grâce à son or noir. Sitôt les combats terminés, une semaine plus tard et après la conférence de l'OPEP au Koweit, l'Iran avait doublé ses revenus et avant la fin de l'année, ses revenus allaient atteindre près de 18 milliards!

Ces sommes astronomiques allaient tourner la tête des dirigeants du Golfe et du shah en particulier. Il voulait désormais tout acheter : la chaîne hôtelière Intercontinental, la compagnie d'aviation Panam, les automobiles Mercedes, les aciéries Krupp, plusieurs appareils Concorde, des centrales atomiques. Un véritable vertige.

Rahmat avait dû user de tous les subterfuges pour modérer l'appétit du roi, mais il avait été chargé d'ouvrir des comptes spéciaux en Suisse, aux États-Unis, en Grande-Bretagne, en Allemagne et dans certains paradis fiscaux pour faire fructifier ces sommes impressionnantes.

A l'époque, il connaissait tous les banquiers du monde, tous les hommes d'affaires et industriels susceptibles de venir investir en Iran, et parmi eux, un grand nombre d'aigrefins et hommes de l'ombre également. Les contrats d'armements doublèrent, le shah acquit en trois ans la plus impressionnante flotte de chasseurs bombardiers que seuls les Américains pouvaient se permettre d'avoir; il voulait des

Le chantage

sous-marins, des cuirassés, des destroyers, un porte-avions, des vedettes rapides aéroglisseuses, des missiles. Bref, la folie des grandeurs. Avec le général Hossein Fardoust, camarade d'enfance du roi et son éminence grise, il parcourut le monde dans tous les sens, de Seattle à Pretoria, de Londres et Paris à Tokyo, de Washington aux capitales de l'Est européen. Il reçut dans son bureau de l'avenue Ferdowsi les plus importants ministres, gouverneurs de banques centrales et industriels de la planète, il signa des contrats, émit des chèques au nom de l'État, ouvrit d'autres comptes et fit monter plus haut encore les cours du pétrole. Rien n'était trop beau pour le pays, tout pouvait s'acheter, même des vaisselles ayant appartenu à de grandes familles royales d'Europe, des tableaux de maître au prix exorbitant, des usines ultra-sophistiquées clé en main, des stades, des barrages, et des centaines d'appartements et immeubles dans presque toutes les grandes capitales du monde afin que les diplomates n'aient plus à louer villas et maisons à des propriétaires avides et gourmands. Ce vertige avait duré cinq ans, un monstrueux tourbillon dans lequel les milliards voltigeaient, entraient et sortaient au gré des fantaisies et du bon vouloir de Sa Majesté et de ses plus proches collaborateurs.

Peu avant le renvoi d'Amir Abbas Hoveyda, en été 1977, après douze années de bons et loyaux services

Un procès sans appel

en tant que chef du gouvernement, il s'entretint avec le Premier ministre et s'entendit dire :

« Mon cher Rahmat, c'est le début de la fin, je pense que tu le sais, non ? Cette folie va cesser brutalement et ce sera trop tard. »

Il avait acquiescé silencieusement, incapable de répondre. Il n'y avait pas de solution. Le volcan allait bientôt exploser.

Plus les mollahs grondaient, plus la rue s'agitait, plus Khomeini incitait à la violence depuis sa résidence irakienne, et plus les capitaux quittaient l'Iran. Rahmat avait même connu d'anciens dignitaires du régime qui avaient loué des Boeing 747 pour y installer la totalité de leurs meubles et objets les plus précieux, leurs familles et leurs domestiques. Chaque jour, très officiellement, par le canal de la banque centrale, d'honorables citoyens viraient des sommes astronomiques sur des comptes étrangers, tandis que des sociétés internationales investissaient et bâtissaient dans un empire qui se lézardait lentement.

Alors Rahmat lui aussi fut pris par cette frénésie et transféra d'abord de petites sommes, puis de plus en plus grandes pour finalement ne plus avoir en Iran que l'essentiel : des bâtiments, des maisons et appartements, des fonds de commerce et quelques paquets d'actions. Et quand, à l'automne 1978, la situation apparut intenable et que Khomeini vint

Le chantage

faire du tourisme du côté de Neauphle-le-Château, il s'avisa d'expédier toute sa famille vers des cieux plus sûrs.

« Alors, Monsieur Daneshvar, avez-vous bien entendu ce que je vous ai dit? Je vous ai donné le temps de réfléchir. »

Rahmat n'en menait pas large :

« Monsieur le Ministre, je vous ai très bien compris et je connais la situation. Oui, j'ai eu pendant un certain nombre d'années la haute main sur les finances du pays. Oui, de très fortes sommes sont passées par mes services, soit pour entrer dans le pays, soit pour en sortir. Tout est inscrit dans les registres de la banque, jusqu'au dernier rial. Je pense que j'ai fait ce travail très scrupuleusement. Le moindre de mes voyages à l'étranger, les contacts pris, les contrats signés sont mentionnés et publiés au *Journal officiel*. Je n'ai jamais rien eu à cacher quand il s'agissait des affaires de l'État. Il faut toutefois que vous sachiez que je suis tout à fait incapable de vous dire dans le détail, à cet instant précis, qui j'ai rencontré, à quel endroit et à quelle heure. Il faudrait que je compulse tous les registres qui doivent toujours être à la banque centrale, au ministère des Finances ou à celui de l'Économie. Tout cela représente des centaines de milliards de dollars, des

Un procès sans appel

dizaines de milliers de kilomètres de voyages, des milliers de rendez-vous, de signatures... »

Tchamran l'interrompit :

« Tout ça, nous le savons. Les documents, nous les possédons, les sommes, nous les connaissons et, avec les documents saisis par nos étudiants à l'ambassade américaine, nous avons été de surprise en surprise. Ma question est la suivante : acceptez-vous de collaborer avec nous et de mettre vos compétences à la disposition de l'Iran ? »

Rahmat hésita un très court instant et répondit :

« Oui, si vous pensez que je puisse vous être utile. Mais ça ne sera pas facile... C'est tellement loin, tout ça... »

Le ministre se leva, lui fit un large sourire et ajouta :

« Je saurai m'en souvenir, le moment venu. »

Jamais plus, Daneshvar ne devait revoir Mostafa Tchamran. Quelques mois plus tard, tandis qu'il inspectait ses troupes dans la région d'Ahvaz et que l'armée iranienne, au prix de plusieurs milliers de morts, était parvenue à stopper l'avance des divisions de Saddam Hussein, il fut tué dans une tranchée. Contrairement à ce que voulut faire croire le haut commandement iranien, ce ne fut pas par une balle ennemie que mourut le ministre de la Défense, mais par une salve de mitraillette tirée dans son dos. De toute évidence, la manière dont il menait ses soldats ne plaisait pas aux ayatollahs de Téhéran.

Le chantage

Un peu plus tard, un avion de transport, ayant à son bord tout le haut état-major islamique, fut abattu par un missile dont les Irakiens ne revendiquèrent jamais la paternité. La purge faisait rage. Les attentats se succédaient, tant dans la capitale qu'en province et selon la phraséologie coutumière, le speaker officiel de la télévision d'État mit ces actes barbares et meurtriers sur le compte des ennemis du régime, des espions à la solde de l'étranger, des juifs, des bahaïs et des sunnites arabes.

La villa était calme et retirée, dans le secteur de l'avenue Bahar. Une camionnette avait apporté des centaines de dossiers, classeurs, et boîtes de carton qui remplissaient à eux seuls deux chambres, du sol jusqu'à hauteur d'homme. Désormais, le travail de Rahmat et de quatre anciens fonctionnaires de banque tirés de leurs retraites fut de répertorier ces monceaux de papiers, de les trier, de les compulser et de tenter de connaître avec précision où l'ancienne famille impériale, et les nantis du régime possédaient des comptes bancaires, afin d'entrer en rapport avec ces banques étrangères et de faire rapatrier des sommes dont l'Iran avait le plus grand besoin pour mener sa guerre.

L'ancien gouverneur savait plus ou moins où étaient réparties ces sommes astronomiques, à qui

Un procès sans appel

elles appartenaient — dans leur grande majorité à environ trois cents familles — et à combien s'élevait approximativement le montant des transferts de la banque centrale vers l'étranger : environ 25 à 30 milliards de dollars, au pire, pour les deux dernières années du règne du shah.

Pendant des semaines, sous l'étroite surveillance des services de renseignements et de sécurité, calqués sur l'ancien organigramme de la défunte Savak, Rahmat et ses quatre collaborateurs épluchèrent des milliers de documents, les trièrent, les annotèrent et les rangèrent selon leur importance dans des caisses spéciales : ex-cour impériale, armée, ministères, madjless, sénat, particuliers, entreprises, Savak, Premier ministre... Chaque soir, un religieux, mandé par le bureau de l'imam, venait constater l'état d'avancement des recherches, exigeant toujours plus de zèle. Un jour, ce fut le fils même de Khomeini qui vint à la villa. Rigolard, le turban légèrement de travers, une rutilante montre sertie de pierres précieuses au poignet droit et une bague démesurée à l'annulaire gauche, il apostropha Rahmat :

« Alors, c'est toi, le fameux Daneshvar. Avoue, quand même : tu nous as donné du fil à retordre. Il s'agit d'aller plus vite... beaucoup plus vite... »

L'homme était accompagné par une milice en armes composée d'éléments très jeunes. Il circulait

Le chantage

parmi les caisses et les cartons, prenait au hasard un dossier, une feuille ou la photocopie d'un récépissé.

« Et toi, Daneshvar, combien as-tu transféré en Amérique et chez les juifs... Combien de millions ? Trois, cinq, dix, plus... ? On finira bien par le savoir mais ne perds pas de temps... »

La sueur perla au front de Rahmat. Pour la première fois depuis des mois, un officiel avait été agressif à son égard, et pas n'importe lequel : le propre fils de l'ayatollah ! Mieux valait ne pas répondre et poursuivre ce travail de fourmi.

Il sentait Ahmad Khomeini dans son dos, contrôlant le moindre de ses gestes, épiant la plus infime erreur. Sa main tremblait ; les notes qu'il prenait sur sa feuille de contrôle étaient maladroitement rédigées mais que faire devant une telle situation, sinon tenter de se dominer et de maîtriser son angoisse.

Le dévot lui dit soudain :

« A propos, Daneshvar, comment se porte Maryam Khanoum ? »

Rahmat sentit son cœur bondir dans sa poitrine ; il lâcha son crayon et devint blême. Maryam, on lui parlait de son épouse ! Pour la première fois depuis dix-huit mois, un homme prononçait le nom de sa femme !

Il se leva et se tourna vers Ahmad, la tête basse :

« Je n'ai aucune nouvelle d'elle depuis fort longtemps, Excellence. »

Un procès sans appel

Le fils de l'imam éclata de rire et, regardant ses acolytes, dit, sans les quitter des yeux :

« Pourquoi l'avoir fait partir ? Tu dois lui manquer beaucoup en ce moment. Et tu dois également manquer à tes enfants, n'est-ce pas ? Ne t'inquiète pas, je peux te le dire, alors que je ne devrais pas : ils vont très bien, ta femme et tes quatre enfants vont bien, ton fils aîné Jahanguir travaille très bien à l'Université, son cadet Shahab a terminé ses études secondaires et est tenté par la médecine. Shirine, ta fille aînée fait de la sociologie, tu devais t'en douter et la petite Diana est encore dans une école secondaire... »

Rahmat eut les larmes aux yeux. Il se tenait face au fils de l'imam, les mains croisées et la tête basse, muet de saisissement. Aurait-il voulu répondre qu'il ne l'aurait pas pu. L'émotion était trop grande.

« Redresse-toi, Daneshvar, sois un homme. Mes nouvelles devraient te combler de bonheur. Je t'ai dit que tout le monde allait bien. Nous savons où ils sont et rien ne peut leur arriver. Fais ton travail consciencieusement et tu les reverras bientôt, tu peux en être certain... »

Et l'homme s'en alla, suivi de ses gardes du corps et de quelques officiels. Quand la porte se fut refermée, l'ancien aide de camp posa sa tête sur la pile de dossiers et pleura longuement.

Le chantage

Dès lors, plus rien ne fut pareil pour Rahmat Daneshvar. Non seulement il se savait otage des ayatollahs, mais il avait la conviction que sa famille servirait désormais de monnaie d'échange entre lui et ses tortionnaires. Ni ses prières, ni sa foi en Dieu qui avait toujours été inébranlable ne purent lui rendre cette sérénité et cette détermination qui avaient été siennes tout au long de sa vie. L'État voulait des noms : il aurait des noms. Le pays voulait des preuves : il aurait des preuves ; la nation voulait des chiffres : elle les aurait. Au risque de trahir sa conscience ou ses amis, seul lui importait de faire le travail qu'on exigeait de lui. Il avait transféré des sommes exorbitantes au nom de l'État pendant des années ; il tenterait de les rapatrier toujours au nom de l'État. Il avait signé des chèques avec des ribambelles de zéros pour acquérir des armes et moderniser l'industrie. Il le referait si on le lui demandait à nouveau.

« Nous sommes tous des Iraniens, lui avait dit Tchamran quelques semaines auparavant... La patrie est en danger... Vous pouvez racheter vos erreurs... Nous devons tous ensemble faire face à l'ennemi, quelles que soient nos différences et nos sensibilités... »

Il était prêt à toutes les bassesses pour sauver Maryam et ses enfants, même à collaborer avec les ennemis de celui qu'il avait servi pendant plus de vingt ans et qui venait de mourir en exil au Caire. Pour Maryam, il n'y avait aucune limite à la déraison, voire au parjure...

« Je t'aime, Maryam, tu ne peux pas savoir combien je t'aime. La vie ne nous sera pas toujours facile, mais je serai toujours auprès de toi pour te chérir et te protéger. »

Ce serment, le jeune Rahmat l'avait fait au cours de l'été 1955, durant son voyage de noces en Italie, après avoir épousé Maryam Vahdat, de cinq ans sa cadette, fille d'un honorable commerçant bahaï de Shiraz. Les deux familles se connaissaient depuis toujours. Maryam et ses trois sœurs avaient été élevées très rigoureusement dans la foi de Bahaollah et les parents de la jeune fille avaient depuis longtemps réservé leur aînée à Rahmat, avant que ce dernier ne parte terminer en Europe ses études universitaires.

Le jeune couple habita pendant les deux premières années de leur union dans la maison paternelle de l'avenue Amirieh et quand, trois ans plus tard, naquit Jahanguir et que la situation de Rahmat se fut améliorée, il loua une modeste maison non loin de l'Université. Maryam était douce, il la trouvait très belle, avec ses grands yeux verts et son visage pâle. Vingt-cinq ans plus tard, il la trouvait

Le chantage

toujours aussi belle et fragile. Elle n'avait pas voulu quitter l'Iran à l'aube de la révolution, mais Rahmat exigea qu'elle parte avec les enfants, leur promettant de venir les rejoindre dans les semaines à venir. Depuis lors, l'étau s'était resserré. Ils s'étaient téléphoné de nombreuses fois durant l'automne 1978. Leur dernier entretien – il se le rappelait parfaitement – eut lieu le 31 décembre. Maryam était à Paris, à l'hôtel :

« Je pense arriver dans deux semaines. Il m'est impossible de quitter le pays tant que Leurs Majestés sont encore ici... Il est question que le shah et la shahbanou partent se reposer en Égypte, à l'invitation du président Sadate. J'ai également entendu dire que le roi du Maroc les attendait chez lui... Encore quinze ou vingt jours au plus. Sois patiente. Tu verras, tout ira bien... Je t'aime et bonne année. »

Ils avaient coutume de se souhaiter la bonne année deux fois par an, à l'européenne et à la persane, le 21 mars. Le lendemain de cette conversation, le gouvernement militaire tombait et Bakhtyar prenait les affaires en main. Dans la rafle gigantesque qui s'ensuivit, Rahmat fut parmi les premiers interpellés.

Plus jamais, il n'eut de nouvelles des siens. Il avait perdu ses parents dix années auparavant, son frère aîné vivait en Californie, ses deux sœurs en Allemagne. Il s'était soudain senti orphelin.

Un procès sans appel

Grâce à un impressionnant travail d'investigation, Daneshvar et ses quatre collaborateurs parvinrent, en quelques semaines, à reconstituer l'organigramme des biens de la Couronne à l'étranger, ainsi que la direction qu'avaient prise les plus grandes fortunes privées du pays. Il fut stupéfait de constater que les principaux exportateurs de fonds n'étaient pas seulement les musulmans, mais trois très grandes familles juives, deux arméniennes, et il dut également remarquer que cinq parmi les plus puissants bahaïs d'Iran avaient, depuis deux années, transféré des sommes impressionnantes, non seulement vers de grandes banques suisses, anglaises ou américaines, mais également vers des paradis fiscaux à Monaco, au Luxembourg, aux Caraïbes et dans le Sud-Est asiatique. Il en éprouva une grande honte, notamment à l'égard de ses quatre compagnons de travail qui ne firent aucun commentaire. Un jour, enfin, il put annoncer au bureau de l'imam que son travail était achevé.

« De quelles sommes pouvons-nous immédiatement disposer, Daneshvar ? lui demanda le président de la commission économique et financière du Parlement. Nous avons des besoins urgents.

— Une grande partie de ces transferts de fonds ont servi à l'acquisition d'immeubles, de terrains, de

Le chantage

bureaux, d'appartements, de prises de participation dans des sociétés et il sera plus difficile de liquider ces avoirs, car leur vente prendra du temps. L'Iran est notamment actionnaire dans une importante aciérie allemande, dans une chaîne d'hôtels et une compagnie aérienne américaine, dans un ensemble nucléaire français.

» En revanche, l'État iranien a prêté à la Grande-Bretagne un milliard de dollars en 1974, autant à l'Égypte, un peu moins à des pays africains et asiatiques. On devrait pouvoir en exiger le remboursement, mais je n'en connais pas les délais.

» Vous avez pu voir comme moi les actifs de la Fondation Pahlavi dans des banques suisses, anglaises et américaines. Dans ces trois pays seulement, leurs montants atteignent plus de 2 milliards et demi de dollars. Si vous pouvez prouver que cet argent a été indûment exporté, et appartient à l'État iranien et non à un particulier, son rapatriement ne devrait pas prendre beaucoup de temps. Vous en avez les comptes jusqu'au début de l'année 1979. Je ne sais pas ce que les gouvernements intéressés ont décidé depuis. C'est de la compétence du ministre des Finances... »

Pendant quatre heures, Rahmat exposa à son interlocuteur et aux membres de la commission qui l'écoutaient les mécanismes de la finance internationale et la manière de récupérer ce qu'ils considéraient comme leur dû.

Un procès sans appel

« A mon avis – et je peux me tromper – ce n'est pas l'État iranien qui devrait désormais exiger le retour de ces sommes, mais les gouverneurs de chacune des banques iraniennes lésées, en s'adressant directement à leurs homologues étrangers. Nous avions eu ce même problème il y a une dizaine d'années avec un particulier pas très scrupuleux. Tous nos appels étaient demeurés vains et la Suisse comme les États-Unis s'étaient opposés à cette restitution. En tant que gouverneur de la banque centrale d'Iran, je suis alors intervenu personnellement auprès de mes collègues suisse et américain, et, comme par enchantement, les sommes litigieuses nous furent retournées en quelques semaines. Je pense que c'est la meilleure formule possible... »

Soudain, l'atmosphère se détériora :

« Daneshvar, tu es juif, n'est-ce pas ? Je sais, tu me diras que tu es bahaï, mais pour nous c'est la même chose. Tous ces voyages que tu as effectués dans l'État sioniste, tous ces hommes d'affaires juifs européens et américains que tu as accueillis, toutes ces sociétés juives que tu as installées ici le prouvent. Alors, en tant que juif, mais avant tout en tant que citoyen iranien, peux-tu nous trouver des armes ? Depuis que nous nous sommes emparés de ce nid d'espions qu'était l'ambassade américaine, Washington et ses alliés ont décrété un embargo sur les armes à destination de notre pays. Nous sommes

Le chantage

seuls contre le monde entier et malgré l'effort de nos arsenaux, nous manquons tragiquement d'armes et de munitions. Que peux-tu faire pour nous, vite... très vite ? »

Rahmat Daneshvar resta un court instant interloqué. Il ne savait que répondre. Les armes n'étaient pas de son ressort, même si, autrefois, il avait signé des contrats, viré des sommes et rencontré des industriels de tout bord. Il hésitait à répondre. Il devait peser chaque mot.

« Que peux-tu faire pour nous, Daneshvar, réponds ! »

Le ton était devenu agressif. Le regard de l'homme qui lui faisait face s'était durci.

« Je connais effectivement des compagnies qui ont équipé l'armée du shah, et qui ne sont ni américaines, ni européennes, je connais certains de leurs responsables dont l'ancien attaché militaire israélien en Iran, et son collègue sud-africain. Mais je n'ai plus eu de relations avec eux depuis longtemps. Sont-ils seulement encore aux affaires ?...

— Assez de mensonges. Ces gens-là sont tes amis, vous vous êtes enrichis ensemble, vous avez dilapidé les fonds de l'État ensemble, ils étaient encore dans notre pays début 1979. Alors, réponds-moi : vas-tu nous aider, en les contactant, en les faisant venir et en leur faisant signer de nouveaux contrats ? N'oublie pas ta famille, là-bas aux États-Unis. Nous, nous ne les oublions pas... »

8

LA TORTURE

Rahmat avait obtenu de pouvoir aller prier sur la tombe de ses parents dans le petit cimetière de Chemiran, tout près de l'hôtel Darband. Une fois par semaine, avant la Révolution, il se rendait dans cet endroit paisible bordé d'ifs et de peupliers, et se recueillait devant le mausolée de marbre rose qu'il avait fait venir de Carrare. Le gardien des lieux mettait un zèle particulier à fleurir cette pierre, à l'entretenir et à désherber aux alentours car il était bahaï lui-même.

« Jamais une fleur fanée. Ma mère y veillait particulièrement quand elle a enterré mon père. Je ferai de même pour elle.

— Vous pouvez compter sur moi, Excellence. »

Rahmat eut un haut-le-cœur quand il franchit le portail : partout, des herbes folles, des ronces, des stèles renversées, des tombes ouvertes, des cercueils éventrés. Le cœur battant, il s'approcha de l'endroit où reposaient son père et sa mère. C'était méconnaissable : le marbre avait été fracassé, les deux noms inscrits en lettres dorées étaient illisibles, les quatre jarres qui devaient contenir des fleurs avaient disparu, des planches avaient été jetées sur la pierre rose avec de la terre et des détritus.

Daneshvar s'agenouilla et entreprit de dégager la stèle. Un de ses gardiens posa son arme et l'aida dans sa tâche. Il priait et pleurait en même temps. Quand l'endroit fut un peu plus propre, il demanda à ses accompagnateurs la permission de faire ses dévotions selon son rite. Les trois hommes s'éloignèrent de quelques pas, sans le quitter des yeux.

Face à la tombe, les deux mains à la hauteur de la poitrine, paumes tournées vers le haut, il récita la prière des morts :

« Ô mon Dieu, voici ton serviteur qui a cru en Toi et en tes signes, et qui a dirigé son visage vers Toi, entièrement détaché de tout sauf de Toi. Tu es un véritable Miséricordieux entre les Miséricordieux.

» Ô Toi qui pardonnes les péchés des hommes et qui caches leurs défauts, daigne le traiter comme il convient. Accorde-lui l'accès dans le sanctuaire de ta miséricorde transcendante qui existait avant la création de la terre et du ciel. Il n'est pas d'autre Dieu que Toi, Celui qui éternellement pardonne, le Très-Généreux. »

Et par six fois, à haute voix, Rahmat dit, regardant le ciel et tendant ses bras :

« *Allah o akbar.* »

La torture

Les gardes se regardèrent, intrigués, étonnés par cette phrase coranique, inattendue dans la bouche d'un mécréant. Puis, neuf fois de suite, le prisonnier répéta :
« Tous, en vérité, nous adorons Dieu.
Tous, en vérité, nous nous inclinons devant Dieu.
Tous, en vérité, nous sommes consacrés à Dieu.
Tous, en vérité, nous adressons nos louanges à Dieu.
Tous, en vérité, nous rendons hommage à Dieu.
Tous, en vérité, nous sommes patients envers Dieu. »

« N'oublie jamais tes prières, mon fils, lui avait recommandé son père alors qu'il prenait l'avion pour la première fois de sa vie pour étudier en Europe. Nous sommes si peu de chose entre les mains du Tout-Puissant. Prie-le trois fois par jour, avec respect et dignité, où que tu sois. Honore le Seigneur avec ferveur et gratitude et il te protégera. »
Rahmat avait baisé les mains de son père, il avait longuement serré sa mère contre sa poitrine et avait embrassé ses yeux. Toute la famille l'avait accompagné à l'aéroport. C'était un événement : pour la première fois, un Daneshvar allait s'envoler ! Pendant ses trois années d'études, il n'avait jamais laissé passer un jour sans prier. C'est ce qu'il avait expliqué à son camarade d'université à Lausanne, un Afghan nommé Fateh :

Un procès sans appel

« Je peux m'adresser à Dieu en tout lieu et quand je le veux. Il est partout et m'écoute. »

Son ami avait paru surpris, l'avait questionné sur sa foi, mais ne l'avait jamais taquiné.

Rahmat était intarissable sur ses convictions et il apprit à Fateh certains passages du Coran qu'il ne connaissait pas. Quand son ami lui annonça la mort de son père à Kaboul, Rahmat lui demanda la permission de prier pour le repos de son âme. De même race, mais de confessions différentes, les deux jeunes gens apprirent à se respecter et à s'estimer jusqu'à ce que deux révolutions, presque simultanément, engloutissent leurs deux pays dans une tourmente diabolique.

Oui, il pensait à Fateh au moment de quitter le cimetière. Où était-il désormais, depuis que l'Afghanistan était envahi par les Soviétiques?

« Tu pourras retourner sur la tombe des tiens chaque mois si tu continues à nous donner satisfaction. »

Depuis trois mois environ, Rahmat était logé dans une villa proche de l'ancien stade d'Amjadieh, à deux pas de l'ambassade américaine toujours aux mains des étudiants islamiques. Parfois, le soir, il entendait les prières des envahisseurs, des voix puissantes qui montaient dans la nuit et lui donnaient froid dans le dos.

La torture

Grâce à un réseau d'informateurs qu'il avait connu autrefois, mais surtout grâce à de solides amitiés établies au fil des années dans les milieux économiques et financiers, l'ancien gouverneur de la banque centrale était finalement parvenu à rétablir un semblant de contact avec certaines nations étrangères qui n'avaient jamais souhaité rompre avec Téhéran, malgré l'affaire des otages et la guerre avec l'Irak : parmi elles, la Suisse, la Suède, Israël, l'Afrique du Sud, l'Espagne, l'Italie et des pays latino-américains. Le prisonnier avait un bureau, des collaborateurs, des télex, des téléphones, du papier à en-tête, le tout bien évidemment sous la très haute surveillance de gardiens de la révolution. Certains lui semblaient bien jeunes ; ils s'émerveillaient de la manière dont Rahmat jonglait avec les chiffres, passait des commandes, répondait aux propositions des intermédiaires.

Le mois précédent, grâce à un tour de force d'une rare audace, un premier appareil rempli d'armes s'était posé en Iran. La mise sur pied de cette affaire avait été complexe et, après des semaines de tractations et de paiements par avance de la marchandise, un appareil argentin, avec un commandant de bord écossais et un intermédiaire suisse, s'était posé à Téhéran avec du matériel israélien, après avoir fait escale à Chypre et en Turquie. C'était un premier pas. Une fois par semaine, cet avion de transport fai-

Un procès sans appel

sait ses aller et retour entre Tel-Aviv et Téhéran, les soutes combles. Cette navette allait durer quatre mois, jusqu'à ce que la fatalité y mît fin. S'étant égaré sur le Caucase russe pendant une forte tempête, l'appareil fut abattu par la chasse soviétique, ce qui déclencha un scandale vite étouffé.

Rahmat organisa à distance des contacts dans des palaces au bord du lac Léman, à Paris et à Vienne, des émissaires discrets firent de brefs séjours en Iran, des affaires furent ainsi menées et le pays parvint lentement à freiner l'avance des troupes adverses qui butaient devant les raffineries d'Abadan.

« Daneshvar, nous avons été très patients. Nous t'avons fourni tout ce que tu souhaitais. J'ai reçu l'ordre de te remettre au cachot. »

Le monde lui serait tombé sur la tête qu'il n'aurait pas éprouvé de choc plus grand. Qu'avait-il donc fait ?

« Ton rendement est devenu faible. Tu te laisses aller au fil des jours... Tu as oublié que tu es un prisonnier de notre révolution et que ton système est terminé. Tes quelques contacts avec la grande juiverie internationale ne nous ont rien apporté, sinon quelques armes désuètes et des conseillers militaires ringards. Désormais, nous nous passerons de ton avis. »

La torture

Rahmat tenta de placer un mot :

« Je pense avoir réalisé avec sérieux et efficacité tout ce que vous attendiez de moi. Que me reprochez-vous ? »

Le responsable de la surveillance de la villa répondit évasivement :

« Tu sais, moi, je ne suis pas grand-chose. On me donne des ordres, je les exécute, je ne pose pas de questions. Mais depuis quelques semaines les membres de l'ambassade américaine ont été relâchés, et nous sommes toujours privés de tout pour nous défendre. Je pense que tes amis étrangers, pour lesquels tu travailles, sont responsables de cette situation. C'est du moins ce que j'ai entendu. L'ayatollah Khalkhali est furieux contre toi. Il a demandé qu'on te pende...

— Qui est ce Khalkhali ? demanda Rahmat, inquiet.

— Tu ne connais pas Son Éminence l'ayatollah Sadegh Khalkhali ? Il dirige les tribunaux révolutionnaires avec compétence et nettoie le pays de ses ennemis et de ses espions.

— Je n'ai jamais entendu parler de lui...

— Tu ne perds rien pour attendre ! »

L'homme était rondouillard. Un nez proéminent retenait des lunettes trop grandes pour lui. Des petits yeux vifs scrutaient tout ce qui l'entourait.

Un procès sans appel

Une Rolex en or ornait son poignet. Une bague surmontée d'une turquoise agrémentait sa main gauche dans laquelle il égrenait un chapelet. Son turban blanc laissait apparaître une mèche de cheveux noirs et gras. Le personnage s'exprimait avec un fort accent turc, sur un rythme lent et saccadé. Dès la première parole, Rahmat se rendit compte qu'il n'avait pas affaire à un intellectuel, mais à un de ces produits que le nouveau régime avait forgés parmi les déshérités de l'ancien régime.

« Voilà longtemps que je voulais vous connaître, Monsieur le gouverneur et aide de camp », dit Khalkhali d'un ton moqueur.

Rahmat se sentit tout de suite mal à l'aise devant cet homme grossier qui se rongeait les ongles et se curait le nez en lui parlant.

La rencontre avait lieu dans la pièce qui servait de bureau au prisonnier. L'ayatollah s'était installé à la table de travail et avait jeté un regard distrait vers les dossiers, appareils et photographies qui l'encombraient.

« Ainsi donc, c'est ici que Votre Excellence complote contre notre régime ? »

Khalkhali regardait Daneshvar par-dessus ses lunettes, d'un air amusé et interrogateur. Rahmat ne répondit rien, ne voulant pas tomber dans la provocation.

« Votre Excellence ne veut rien répondre ? Se sentirait-elle coupable ? »

La torture

Puis, changeant soudain de ton, le religieux poursuivit :

« Tu te crois tout permis parce qu'on a été correct avec toi ? Tu croyais pouvoir nous trahir en expédiant tes secrets ? Je sais tout ce que tu manigançais d'ici. Je sais pourquoi les affaires vont moins bien et les armes se font attendre. Et je sais que tu le sais ! »

Rahmat, debout face à l'ayatollah, légèrement incliné en signe de respect, répondit alors :

« J'ai eu et je pense toujours avoir la confiance du fils de notre imam, qui est venu me voir et semblait satisfait de mon travail. S'il avait eu le moindre doute, je pense qu'il me l'aurait fait savoir.

— Ferme-la, je ne t'ai rien demandé. Notre imam vénéré et son fils bien-aimé sont trop bons et généreux avec la racaille que tu représentes. Bientôt on en aura fini avec toi et les tiens. Vous êtes, vous les bahaïs, comme la mauvaise herbe : plus on l'arrache, plus elle repousse. Il faudra faire comme dans nos campagnes autrefois (et, mimant une mitrailleuse qu'il aurait sous le bras, Khalkhali hurla à travers la pièce :) ta...ta...ta...ta ! Rien ne vaut le bon DDT, rien n'y résiste. Toi aussi, je t'aspergerai de DDT et de gaz de notre fabrication... »

Les gardes du corps de l'ayatollah applaudirent et dirent en chœur :

« Vous avez raison... vous avez raison... »

Un procès sans appel

Sadegh Khalkhali semblait ravi de l'effet qu'il venait de produire. Il retroussa lentement ses manches et montra ses poignets puissants et velus :

« Tu vois ça... tu les vois. J'ai étranglé avec ces mains plus de cinq mille chats dans ma vie, des enfants récalcitrants et des opposants au régime également. Rien ne m'arrête, rien ne me fait peur. Si on m'en avait laissé le loisir, ton Hoveyda, je l'aurais lui aussi étranglé au lieu de le fusiller. Je sais m'y prendre. J'adore le moment où la victime se tortille et essaye de demander grâce. Rien ne m'arrête alors, rien, pas même la clémence de notre imam, tu entends, pas même sa clémence... »

L'homme parlait avec une excitation inquiétante, les yeux exorbités.

« Tu vois... Je ferai de même avec toi. »

Il y eut un court silence, comme si le religieux tentait de reprendre ses esprits. Il fronça les sourcils, ajusta son turban et dit :

« A propos, ce Uri Lubrani, avec lequel tu communiques, c'est qui ? Et ce Jacov Nimrodi. Ce sont des juifs sionistes, mais encore ? »

Rahmat tenta de se concentrer à nouveau et répondit :

« Lubrani a été le représentant d'Israël en Iran de 1973 à la révolution. Il sait ce dont nous manquons actuellement et a toujours eu une très grande méfiance envers l'Irak. Il a des relations très puis-

La torture

santes aux États-Unis, parmi les gens de sa communauté et c'est d'ailleurs lui qui a donné les premiers ordres pour que des armes parviennent ici... »

Khalkhali ne bougeait pas. Il regardait fixement Daneshvar.

« Jacov Nimrodi est né en Irak et parle parfaitement le persan et l'arabe. Il est colonel de réserve et a été longtemps en poste en Iran sous l'ancien régime. Il connaît les besoins de notre armée et avait jusqu'à un passé récent collaboré avec les soldats américains basés chez nous. Actuellement, c'est un homme d'affaires puissant qui s'occupe de désalinisation d'eau de mer, mais il est toujours resté très proche de l'armée et du général Sharon. A mon avis, et avec l'accord du fils bien-aimé de notre imam et du ministre de la Défense Tchamran, ils étaient les deux personnes les mieux placées pour nous fournir du matériel de guerre américain dont ils ont les licences de fabrication, ainsi que du matériel français...

— Que veux-tu qu'on fasse de matériel français? Tu te moques de nous?

— J'ai pensé, Éminence, que notre armée, sur le terrain, allait sans aucun doute s'emparer et récupérer du matériel français que les Irakiens utilisent contre nous. Il était donc judicieux que les armes françaises qui tomberaient entre nos mains puissent servir contre nos ennemis...

Un procès sans appel

— Tu es un petit malin, Daneshvar. Je savais que tu étais rusé, mais malin à ce point, non. C'est la raison pour laquelle je me méfie de toi. Dis-moi, dans toutes ces affaires, tu touches combien au passage ? Dix pour cent, vingt pour cent ? »

Rahmat bafouilla :

« Mais rien du tout... Comment serait-ce possible ? Je suis votre prisonnier, vous contrôlez tout ce que je fais... Je ne comprends pas... »

Khalkhali éclata de rire :

« Tu ne comprends pas ? Mais si, tu comprends très bien. Tu as déjà vu un juif travailler pour rien ? Tu as déjà vu un juif ne pas trouver son intérêt dans une affaire, même si elle lui répugne ? Moi pas. Je sais, tu dis à tout le monde que tu n'es pas juif. Je sais que tu l'es. Toi et tes amis l'êtes. Au moins, certains parmi les tiens l'ont reconnu et je les ai convertis à l'islam. Ils sont aujourd'hui de bons citoyens. Ce n'est pas ta faute si tu es né ainsi. Mais c'est ta faute si tu t'obstines dans l'erreur.

» Toi-même, dans les recherches que tu as effectuées durant les mois passés, tu as reconnu que ces puissants trusts sionistes servaient de relais financiers dans l'achat d'armes et de munitions. La liste que tu nous as soumise est d'ailleurs incomplète. Il s'avère que toi et les gens de ta communauté avez de confortables comptes dans ces banques. Tu ne diras pas le contraire, parce que tu ne le peux pas. Les

La torture

sommes que vous les judéo-bahaïs avez dans ces banques dépassent les deux milliards de dollars. Tu vas t'arranger pour que cet argent serve à couvrir nos besoins. Tu as deux semaines pour convertir ces sommes en armes, en pièces de rechange, deux semaines... Sinon... »

Et Khalkhali passa lentement son pouce sur sa gorge de gauche à droite, puis il quitta la pièce avec ses sbires.

Rahmat gisait sur le sol, le corps entravé de lourdes chaînes. Il tentait de se souvenir de ce qui lui était arrivé une heure auparavant. Des hommes s'étaient précipités sur son lit de camp et l'avaient bâillonné. Il n'avait opposé aucune résistance tandis qu'on le descendait dans le sous-sol de la villa. A la lumière d'une lampe-torche, il avait remarqué que des chaînes étaient fixées au mur, à intervalles réguliers.

Il lui avait semblé apercevoir une masse sombre qui gisait sur le sol. Ses geôliers l'avaient jeté à terre. Au passage, l'un des hommes s'était amusé à lui assener un coup de pied dans les côtes. Puis la porte s'était refermée et les bruits de pas s'étaient éloignés.

Que lui arrivait-il de nouveau? Certainement, Sadegh Khalkhali avait dû tenir sa promesse. « Rien

Un procès sans appel

ne m'arrête, pas même la clémence de notre imam... » Et pourtant, trois semaines après la visite de ce sinistre personnage, il pensait avoir réussi à faire rapatrier certaines sommes d'argent et à acheter les armes dont le pays avait besoin. Ses interlocuteurs étrangers avaient répondu à ses messages et tout semblait fonctionner comme il l'avait souhaité. Alors, que faisait-il là ?

L'obscurité dans la pièce était totale. Pas la moindre aération, il étouffait. Crier n'aurait servi à rien, sinon à exciter davantage ses gardiens. Impossible de savoir s'il était seul dans sa cellule.

Rahmat était désespéré. Il pria :

« O Dieu ! Ne reste pas éloigné de moi, mon Dieu. Ne m'abandonne pas à moi-même. »

Soudain, il lui sembla avoir entendu un léger bruit à ses côtés. Il tendit l'oreille, mais ne remarqua rien.

Il marmonnait ses dévotions à voix basse quand il perçut un faible gémissement à sa droite. Quelque chose remuait, puis s'arrêtait. Qu'était-ce ? Il eut soudain peur. Il tenta de faire un mouvement de côté, mais ses chaînes le retinrent.

Le bruit recommença, comme si la chose voulait se retourner, un bruit de chaînes. Était-ce un autre prisonnier, peut-être un de ses anciens collaborateurs de travail qui avait disparu depuis des semaines ? Comment s'appelait-il déjà ? Ah oui,

La torture

Mortazavi, Cyrus Mortazavi, un employé de la banque Sepah qui avait classé des piles de dossiers avec lui.

« *Khoda, ya...* » dit une faible voix.

Rahmat n'en crut pas ses oreilles. Un homme était enchaîné à ses côtés et implorait d'une voix à peine audible le nom de Dieu. Il n'osait pas lui parler, de peur de l'effrayer à son tour. La voix reprit :

« J'ai soif... j'ai la gorge en feu... Pitié, j'ai soif... »

L'ancien gouverneur, après un court instant d'hésitation, parla à l'inconnu :

« Monsieur... monsieur... vous m'entendez ? »

Aucune réponse. Il interpella son voisin trois autres fois et, enfin, l'homme dit :

« J'ai soif, monsieur, pour l'amour du ciel, donnez-moi à boire. J'ai la gorge brûlante, j'étouffe... »

Rahmat eut beaucoup de peine à lui faire comprendre qu'il n'avait pas d'eau à lui donner, qu'il était pieds et poings liés et qu'il ne pouvait même pas s'approcher de lui. L'homme ne parlait plus, il ne bougeait même plus.

« Monsieur, est-ce que vous m'entendez ? Répondez, je vous en prie... Faites au moins un mouvement, bougez vos chaînes... »

Rien. Un très long silence s'ensuivit durant lequel le bahaï pria à nouveau pour tenter de réconforter son voisin. Il était passé par tant de souffrances et d'incertitudes depuis plus de deux années qu'il ne

Un procès sans appel

réclamait plus que le courage de mourir en paix. A quelques centimètres de lui gisait un être, dont il ne savait rien et qui lui avait réclamé assistance. Pour le moment, il devait par tous les moyens tenter d'établir à nouveau le contact avec cet homme, lui redonner espoir, le maintenir éveillé.

« Monsieur... monsieur... qui que vous soyez, répondez-moi... »

Rahmat tendit à nouveau l'oreille. Il perçut un très faible bruit, comme si l'homme bougeait ou se retournait.

« Monsieur... m'entendez-vous ? »

Alors, comme dans un murmure à peine audible, l'homme lui répondit :

« Par pitié... j'ai soif... je brûle...

— Ne parlez pas si la gorge vous brûle... Dites-moi seulement qui vous êtes... »

Daneshvar attendit la réponse. Finalement, elle parvint :

« Lévy... Davoud Lévy... je m'appelle Davoud Lévy. »

L'ancien gouverneur sursauta à ce nom. Les Lévy étaient tous de prospères hommes d'affaires, qui avaient leurs bureaux avenue Ferdowsi ou avenue Saadi, dans le quartier nord de la capitale : import, export, tapis, change, transports, antiquités. Il avait connu un certain Isaac Lévy, puis les frères Victor et Daniel Lévy, l'hôtelier Moussa Lévy. Mais Davoud ?

La torture

« Monsieur Lévy, que faisiez-vous autrefois ? Êtes-vous un parent d'Isaac ou de Victor ou encore de Ebrahim Lévy ? »

Avec une voix toujours aussi fragile, l'homme répondit :

« El Al... les avions... »

En effet Davoud Lévy était le tout-puissant représentant en Iran de la compagnie israélienne El Al qui avait des vols quotidiens vers Tel-Aviv et Johannesburg. Des dizaines de fois, Rahmat avait pris ces vols pour se rendre en Terre sainte et organiser ses pèlerinages sur la tombe de Bahaollah au mont Carmel. Pourquoi cette voix si faible, à peine audible ? Lévy devait avoir la cinquantaine, guère plus... Avait-il, lui aussi, été victime de sévices, parce qu'il était juif ?

« Monsieur Lévy, m'entendez-vous ?... Monsieur Lévy, tenez bon... je suis là... à deux, on résistera mieux... Que vous ont-ils fait ? Depuis quand êtes-vous ici ? »

Il y eut un bruit de chaînes, un soupir, comme si le voisin tentait de se retourner et la voix, très faible, reprit :

« Je suis prisonnier... depuis deux ans... peut-être plus... je ne sais plus... Ils ont tué tous les miens... (il toussa, s'arrêta un instant, reprit son souffle)... Pour eux, je suis un espion... Ils veulent me convertir... Ils veulent que j'importe des armes... Je ne le peux pas... Ils le savent bien... »

Un procès sans appel

Lévy s'interrompit. Rahmat le questionna à nouveau :

« Monsieur Lévy... nous nous connaissons... Je suis Rahmat Daneshvar, vous vous souvenez sûrement de moi, n'est-ce pas ?

— Ah oui, Daneshvar... Daneshvar et ses bahaïs... oui, oui... c'est loin... Mes respects, Excellence, veuillez me pardonner...

— Monsieur Lévy, il n'y a pas d'Excellence ou de ministre ici, mais deux hommes qui croient en Dieu et qui luttent contre la mort et l'enfermement... Monsieur Lévy, pourquoi votre gorge vous brûle-t-elle ainsi, pourquoi votre voix est-elle si faible ? »

L'autre mit un certain temps à répondre, bougea encore un peu, puis dit :

« Les gaz, Excellence... les gaz... j'ai été gazé... moi et d'autres... plusieurs fois... Certains sont morts... d'autres non... j'ai été gazé... »

Gazé ! Quarante ans après l'holocauste, on gazait en Iran !

« Monsieur Lévy, veuillez me pardonner d'insister. Mais comment et où cela s'est-il passé ? »

Le supplicié avait une voix de moins en moins audible, le souffle lui manquait :

« Dans la villa à côté... dans la cave... ils vous ligotent sur une chaise... et le gaz entre par des robinets... les séances durent longtemps... et je perds connaissance... Beaucoup sont morts... mon cousin... mon beau-frère... d'autres... »

La torture

Rahmat n'eut plus de doute : il allait être gazé et disparaître sans laisser de traces. Il n'eut plus la force de questionner Davoud Lévy ; il pleura discrètement. Il pria à nouveau.

Quatre mains vigoureuses l'empoignèrent et le hissèrent. Pieds et mains toujours entravés, il fut traîné, puis porté et quand il atteignit le jardin, la lumière du jour l'obligea à fermer les yeux. Il comprit qu'on le conduisait à la villa voisine. Il ne se révolta pas, que pouvait-il dire ? C'était la fin du voyage, à quarante-huit ans, le terme d'une vie consacrée à Dieu et à sa communauté si souvent martyrisée depuis des années.

Rahmat fut installé sur une chaîne métallique, les chevilles attachées aux pieds du siège et les mains ligotées derrière le dossier. A droite, derrière une vitre, il apercevait deux hommes qui l'observaient et préparaient quelque chose. Rahmat n'avait pas peur. Il était prêt à affronter la mort. Une foule d'images repassa dans sa tête : ses grands-parents maternels, auxquels il n'avait plus pensé depuis longtemps, son père et sa mère qu'il espérait revoir, car il croyait à un monde meilleur après la mort, Maryam son épouse, ses deux fils et ses deux filles, son roi mort depuis quelques mois. Soudain, il s'interrompit : et s'il ne mourait pas, comme Davoud Lévy ? Si on vou-

Un procès sans appel

lait seulement l'effrayer, le tourmenter, l'impressionner ?

« Allez-y... ouvrez...! » hurla une voix dans un micro.

Un sifflement emplit la chambre. Rahmat renifla, mais ne sentit rien. Il regarda vers la vitre. L'un des hommes était penché sur une sorte de tableau de bord et s'affairait sur des manettes. L'autre le dévisageait.

Alors il ressentit des picotements dans les narines, puis ses yeux se mirent à larmoyer. Il se racla la gorge, puis toussa de plus en plus fort. Ses yeux étaient embués de larmes et il ne vit plus rien, il n'entendit plus le sifflement du gaz, il s'évanouit et s'affaissa sur le côté, inconscient.

Sa gorge l'irritait, il ne parvenait pas à ouvrir les yeux, sa tête résonnait de mille coups et lui paraissait très lourde. Il n'arrivait même plus à avaler sa salive. Il comprit qu'il était encore vivant et rendit grâce à Dieu. Il pensa à Davoud Lévy.

« Monsieur Lévy, êtes-vous là ? »

Il n'entendit pas sa voix. Aucun son ne sortit de sa bouche. Au prix d'un effort considérable, il se redressa. Il était enchaîné, et certainement au même

La torture

endroit. Il agita ses chaînes pour faire comprendre à un éventuel compagnon qu'il était là. Aucun bruit ne lui répondit.

Rahmat se demanda s'il était seul. Avait-on emmené son voisin pour une nouvelle séance de tortures ? Il se rappelait la chambre à gaz, il revoyait le sourire d'un de ses tortionnaires, puis le flou, le vague, plus rien.

« Monsieur Lévy, c'est vous ? »

Un bruit l'avait sorti de sa semi-inconscience. Il tendit encore l'oreille. Il essaya une fois encore d'ouvrir les yeux, mais ses cils semblaient collés.

« Monsieur Lévy, pouvez-vous me répondre ? »

Pour toute réponse, il reçut un terrible coup de pied dans les tibias qui le fit crier de douleur.

« Ton ami juif est mort. Ses soucis sont terminés. Son cœur a lâché. Quelle race, hein, bien faible, non ! »

Il questionna :

« Davoud Lévy est parti ?

— Je t'ai dit qu'il était mort... Sa famille est venue rechercher son corps. Bientôt, on viendra chercher le tien... »

Rahmat s'effondra en larmes. Chaque hoquet incendiait sa gorge. Telle une bête blessée, il hurlait sa douleur ; il ne parvenait plus à se contrôler. Le type, devant lui, ricanait.

Un procès sans appel

« Ton ami juif est mort... Tu pleures pour un juif... Avoue que tu es aussi un " *djohoud* " (youpin), sinon, tu ne serais pas dans cet état...

— Monsieur, pouvez-vous me donner un peu d'eau... j'ai tellement soif, juste un peu d'eau... pour mes yeux aussi, ils me piquent...

— Tu n'auras rien. Le chef m'a dit de ne rien te donner. »

Un nouveau coup brutal dans les tibias mit fin à la conversation. La lumière s'éteignit et la porte claqua.

Trois jours de suite, on traîna Rahmat vers sa chambre de supplices. Il savait qu'on ne voulait pas le tuer, simplement lui faire peur. Ses bronches et ses poumons étaient en feu. Respirer, même faiblement, l'irritait et l'asphyxiait.

Puis on le laissa tranquille durant une semaine. Il ne pouvait rien manger de solide ; il se contentait de lait et d'eau et suçait le jus des quelques fruits qu'on lui jetait sur le sol. Consciencieusement, il humectait ses yeux qui le faisaient moins souffrir au fil des jours, mais toute lumière lui était insupportable.

On finit par le détacher du mur auquel il était maintenu. Ses geôliers se montrèrent moins arrogants avec lui. Il y en avait même un, qui lui parut compatissant et lui avait apporté une pomme et un mouchoir imbibé d'eau pour ses yeux.

« Ne dites rien, sinon je serai puni. J'essaierai de vous apporter autre chose si je le peux. »

La torture

Il n'entendit plus cette voix juvénile. D'autres hommes vinrent, plus féroces que les premiers qui lui intimèrent l'ordre de le suivre. Rahmat se leva lentement, tâtonna avec ses mains et se heurta à la porte.

« Marche droit, sinon je te botte le cul ! »

La lumière extérieure lui fut intolérable ; il se protégea les yeux avec ses mains et avançait à petits pas. Il entra dans l'autre villa, celle dans laquelle il avait travaillé des mois durant ; il reconnut sa chambre, certains de ses effets. Un coup porté derrière la nuque le fit tomber sur son lit de camp, duquel il bascula sur le sol. Puis la porte se referma.

Une fois encore, il était dans le noir. Un très faible rayon de soleil filtrait à travers les volets. Il se sentit soulagé.

On avait encore besoin de lui.

Il remercia Dieu.

9

LE PIÈGE

C'est la pression d'une main sur son épaule qui éveilla Rahmat. Il ouvrit les yeux. Ses paupières lui faisaient mal et sa gorge l'irritait. Il souffrait de violentes migraines et, comme chaque nuit, il avait fait d'effroyables cauchemars.

A ses côtés, un civil tentait de le réveiller. L'homme avait des cheveux gris, la barbe proprement taillée et il semblait même qu'il lui souriait.

Rahmat essaya de se redresser sur son coude, passa une main dans ses cheveux et sur sa barbe de plusieurs semaines mais, épuisé, s'effondra.

L'homme se pencha sur le lit et aida le prisonnier à s'asseoir. Il l'adossa avec précaution contre le mur.

« Daneshvar, je m'appelle Habibollah Emami... Vous m'entendez ?... Emami... »

L'ancien aide de camp impérial avait compris ; il hocha lentement la tête et s'efforça de se maintenir assis. L'autre tendit le bras, pour prévenir une éventuelle chute.

« Je travaille au bureau du président de la Répu-

Un procès sans appel

blique, et je suis chargé de l'industrie et de l'armement... Vous m'entendez toujours ? »

Rahmat acquiesça ; il saisissait des bribes de phrases, mais d'intolérables douleurs l'empêchaient de tout comprendre. Il savait qu'on l'avait soigné avec toutes sortes de médicaments après les séances de gazage, et il se sentait assommé et incapable de réagir.

« Daneshvar, beaucoup de choses ont changé ces dernières semaines. Vous ne le savez pas, et je suis venu vous en entretenir... »

Longtemps, trop longtemps à son goût, Emami lui parla de la situation du pays. C'est ainsi qu'il apprit que depuis des mois, des attentats meurtriers avaient été perpétrés dans la capitale et en province, et qu'une bombe puissante avait explosé quelques semaines auparavant au siège du parti unique, causant la mort de plusieurs dizaines de dignitaires du régime, dont de grands ayatollahs et des membres du gouvernement, que la guerre se poursuivait et que les Irakiens commençaient à reculer. Emami l'informa que Bani-Sadr, le premier président de la République, était en fuite après avoir détourné un avion, et que son successeur se nommait Radjai.

L'homme lui parla d'armes, de finances, de bombardements meurtriers, de morts par centaines, d'économie désastreuse, du départ en catastrophe des Français, petits satans pro-américains, de

Le piège

l'arrestation de centaines d'espions, mais Rahmat n'entendait plus. Les mots martelaient sa tête et le faisaient souffrir.

Habibollah Emami lui tendit un verre d'eau et l'aida à boire. Chaque gorgée était intolérable au prisonnier, mais il finit par tout ingurgiter. Puis il remercia d'un signe de tête.

« Daneshvar, je sais que vous êtes fatigué. Le docteur ne m'a autorisé à rester que dix minutes auprès de vous. Je sais aussi que vous n'avez pas compris tout ce que je vous ai dit... Je reviendrai demain après-midi et nous poursuivrons cette discussion. Je ne veux pas vous fatiguer davantage aujourd'hui. »

Il avait retenu le nom de Emami qui ne lui disait rien. L'homme lui semblait aimable. Il travaillait avec le président. Mais quel président ? Khomeini, un autre homme ? Et puis toujours ces mots de guerre, bombes, armements, dollars.

Une chose demeurait claire dans son esprit confus : si on l'avait épargné, c'est qu'on voulait encore l'utiliser. Et pourtant, l'odeur du gaz, le sifflement des tuyaux lui revinrent à l'esprit, la suffocation, l'homme qui riait derrière la vitre et M. Lévy...

Alors, il pleura et, se laissant glisser le long de la paroi, s'endormit.

Un procès sans appel

Habibollah Emami revint tous les après-midi. Il lui apprit qu'il était soigné dans la villa depuis trois semaines, qu'il était l'objet de soins attentifs, mais pas une seule fois, il ne fit allusion aux sévices et aux tortures dont il avait été la victime.

Peu à peu Rahmat se sentit mieux. Avec infiniment de patience, Emami lui parlait de sa voix douce et lente et l'ancien gouverneur de la banque centrale comprenait mieux ce qu'on lui disait.

« Monsieur Emami, veuillez me pardonner de vous poser cette question, quel jour sommes-nous ? »

L'autre sourit timidement et répondit :

« Nous sommes le 21 juillet 1981... Pourquoi cette question ? »

Pour rien. Rahmat avait perdu la notion du temps. Juillet 1981... 1981... Depuis combien de mois n'avait-il plus eu de nouvelles des siens ?... Où étaient-ils ?... Savaient-ils qu'il était encore vivant ?... Avaient-ils tenté de le joindre ?

Son interlocuteur lui donna des nouvelles du monde : les États-Unis et la France avaient un nouveau président, l'Angleterre un nouveau Premier ministre, l'Allemagne un nouveau chancelier « mais toutes ces personnes nous sont très hostiles et ont choisi le camp de ce boucher de Saddam... Nos frères afghans souffrent sous la botte des Russes... Les sionistes massacrent de plus en plus de Palestiniens... Le monde est devenu fou, mais l'islam finira par vaincre, car nous ne pouvons que vaincre... »

Le piège

Rahmat n'écoutait plus. Cette propagande qu'il avait entendue autrefois l'exaspérait et cet homme commençait à l'agacer.

« Daneshvar, vos interlocuteurs étrangers tentent de vous joindre... vous savez... ces personnes que vous aviez contactées pour nous approvisionner. Elles veulent savoir si vous êtes vivant et ne veulent avoir affaire qu'à vous... Me comprenez-vous ? »

L'ancien gouverneur avait très bien compris : il était toujours indispensable et tant qu'on aurait besoin de lui, on le garderait en vie :

« Monsieur Emami... je suis faible et j'ai de la peine à m'exprimer. Respirer me fait mal... Avaler des aliments solides est parfois un calvaire, même boire me fait souffrir. Je ne suis plus au courant de rien depuis trop longtemps... »

Rahmat s'arrêta un instant, comme pour reprendre son souffle, passa la main sur son front ruisselant et reprit d'une voix à peine perceptible :

« ... Vous savez, et je l'ai dit au fils de l'imam, ainsi qu'à l'ayatollah dont je ne me rappelle plus le nom, et à M. Tchamran quand il était venu nous voir sur la Caspienne : je suis disposé à tout faire pour aider la patrie en danger. Mais regardez l'état dans lequel je suis. Comment puis-je me présenter devant ces personnalités qui veulent traiter avec moi ?

— Daneshvar, tout sera mis en œuvre pour que

Un procès sans appel

vous vous rétablissiez rapidement et que vos inquiétudes se dissipent. Je ne suis pas médecin, je ne suis qu'un fonctionnaire de la présidence, mais je peux vous dire que, entre le premier jour où je vous ai vu et aujourd'hui, vous avez fait des progrès considérables. Des instructions ont été données. Vous ne devez plus avoir peur, tout se passera bien, j'en suis certain. »

Cette soudaine servilité inquiéta Rahmat. Il avait connu ce langage pendant trop d'années pour y croire. Comme proche collaborateur du shah, il avait rencontré des centaines de personnes de tout bord, qui lui avaient promis monts et merveilles s'il voulait bien intercéder auprès de Sa Majesté, mais dès que les événements avaient commencé à mal tourner, les uns après les autres, chacun de ces fidèles sujets avaient fui et volé tout ce qu'ils avaient pu avant de quitter l'Iran. Comme gouverneur de la banque centrale, il avait pour interlocuteurs toutes sortes d'hommes d'affaires plus ou moins honnêtes, mais surtout cupides et retors : « A votre disposition, Excellence, comme vous le voulez, Excellence, comptez sur moi, Excellence »... et à peine ces personnes étaient-elles sorties de son bureau qu'elles s'empressaient de faire le contraire de ce qu'elles avaient promis, profitant de son indulgence et parfois de sa naïveté. Cette obséquiosité, cette servilité à peine feinte l'avaient toujours exaspéré, mais que

Le piège

faire quand une moitié du pays léchait les bottes de l'autre moitié pour mieux la poignarder dans le dos ?

Et Emami, sans aucun doute un suppôt du nouveau régime, malgré une phraséologie moins révolutionnaire, n'était pas une exception. Certes, son langage tranchait avec les violences de ton de ses gardes-chiourme. Cependant pour être devenu conseiller du président, il fallait avoir su montrer des talents de conciliateur, mais aussi de flagorneur.

Toutefois, Rahmat Daneshvar n'allait pas laisser passer ses ultimes chances de ne pas mourir. On avait encore besoin de lui, il saurait se rendre utile.

L'homme qui vint à sa rencontre était très grand, d'allure sportive, blond, l'œil bleu, et il était vêtu d'un costume d'excellente façon. Rahmat ne l'avait jamais vu, mais à son « Hello, comment allez-vous ? » il se douta que son interlocuteur était un de ces Israéliens qu'il avait si souvent rencontrés par le passé, bardés des diplômes des meilleures universités américaines ou britanniques, officiers de réserve et hommes d'affaires actifs depuis leur démobilisation. Ce personnage ne devait pas être n'importe qui dans l'organigramme des services secrets. Il semblait avoir la quarantaine, à peine plus.

La rencontre eut lieu dans un petit salon discret

Un procès sans appel

de l'hôtel Hilton, un grand bloc de béton à mi-distance entre la capitale et les hauteurs de Chemiran. A cet effet, Rahmat avait été habillé d'un costume confectionné à la hâte dans un tissu de mauvaise qualité. Il avait été rasé de près, ses cheveux avaient été coupés et, pour dissimuler un peu sa pâleur, on l'avait légèrement maquillé.

Cinq autres personnes participaient à l'entretien. Quatre Iraniens : Emami, représentant la présidence, un fonctionnaire du ministère de l'Économie, un autre des Finances, un militaire sans étoile ni décoration, ainsi qu'un Occidental. Il n'y avait pas de micros, deux secrétaires et un traducteur étaient présents. Mais personne n'était dupe : cette rencontre était certainement filmée ou enregistrée à partir de miroirs sans tain ou de faux plafonds.

L'homme se présenta : Aaron Glücksman, travaillant pour l'armement israélien. Son collaborateur était sud-africain, Pete Van der Meerve. Dans un exposé d'un quart d'heure, chiffres et statistiques à l'appui, il décrivit l'état de l'armement, du matériel et des munitions de l'Iran. Le bilan était déplorable et les modestes envois effectués par l'État hébreu en début d'année n'étaient pas suffisants. Tel-Aviv détenait tout ce dont l'Iran avait besoin, c'est-à-dire tout ce que les Américains construisaient et dont ils avaient la licence d'exploitation. Le gouvernement de Pretoria confirmait sa résolution d'assister l'Iran,

Le piège

les Israéliens souhaitaient être payés rubis sur l'ongle, l'Afrique du Sud voulait du pétrole brut.

Au début, Rahmat eut du mal à suivre la discussion, mais très rapidement, il retrouva sa lucidité et il donna son point de vue sur l'état des finances du pays. Il confirma à ses interlocuteurs que des sommes très importantes se trouvaient dans des établissements financiers européens et américains et que tout mouvement avait été gelé durant la prise d'otages à l'ambassade américaine. « Maintenant que les diplomates américains sont rentrés chez eux, mais que l'embargo sur les armes et le matériel sensible existe toujours, il faudrait récupérer ces sommes en faisant pression sur les gouverneurs de ces banques, et non sur ces États. »

Pendant une semaine, Rahmat, Glücksman, Van der Meerve, deux experts militaires israélien et sud-africain, et des fonctionnaires iraniens, à chaque fois différents, mais toujours en présence d'Emami, poursuivirent leurs discussions. Daneshvar habita le Hilton dans une chambre confortable, tout le monde était très attentif à son confort et à ses moindres désirs. Il reprit des couleurs et un peu d'énergie. Ce que Rahmat était parvenu à faire pour remplir les caisses de l'État dans les années 70, il serait capable de le faire dix ans plus tard, certes dans des conditions autrement plus délicates, mais avec cette fougue et cette énergie qui avaient toujours fait l'admiration de ses amis du gouvernement.

Un procès sans appel

Les premiers résultats ne se firent pas attendre. La plupart des États acceptèrent les propositions de Téhéran, en dégelant de très importantes sommes d'argent exportées frauduleusement, ouvrirent des comptes spéciaux au nom de la République islamique et accordèrent des facilités de transfert de capitaux. Seuls les États-Unis et la Suisse refusèrent dans un premier temps. Puis le gouvernement helvétique céda, laissant Washington seul affronter la colère des mollahs.

Glücksman et Van der Meerve étaient accrochés à leurs téléphones et à leurs télex pendant des heures, donnaient des instructions, attendaient les réponses, discutaient avec Daneshvar et les fonctionnaires iraniens qui l'entouraient, puis retournaient à leurs appareils. Fin août, des appareils gros-porteurs commencèrent un incessant ballet sur les aérodromes des environs de la capitale, et ceux des villes stratégiques de Tabriz, Ispahan et Shiraz. Par dizaines de tonnes, armes, munitions, pièces détachées et experts débarquaient et prenaient immédiatement la direction du front. Tout semblait aller pour le mieux quand, le 30 août, une formidable explosion pulvérisa en quelques secondes la présidence de la République. Des gravats, on ressortit les corps du président Radjaï, du chef du gouvernement Bahonar, d'une dizaine de ministres, et d'une cinquantaine de parlementaires et de fonctionnaires.

Le piège

Au Hilton, Rahmat et ses interlocuteurs constatèrent soudain un revirement dans l'attitude des délégués iraniens : les regards devinrent soupçonneux, méfiants, les visages se fermèrent. Habibollah Emami n'apparut plus aux conversations trilatérales, il y eut du retard dans les livraisons de matériel sensible, les fournisseurs attendant avec inquiétude l'attitude des nouveaux dirigeants, d'autant plus qu'un religieux cumulait provisoirement les fonctions de chef de l'État et du gouvernement, et que Khomeini avait prononcé un discours d'une rare violence à l'égard des Occidentaux, de ces « chiens non musulmans qui empestent l'air pur du pays ».

Seul point positif dans cette atmosphère de suspicion : l'ennemi irakien ne progressait plus sur le terrain et, dans bien des cas, il avait même été obligé de reculer. Les livraisons de matériel avaient repris de plus belle à la mi-septembre et on pouvait estimer à deux cents les conseillers militaires étrangers qui désormais encadraient l'armée locale sur le terrain. Toute une jeunesse de plus de seize ans avait été appelée sous les drapeaux et pour stimuler ces adolescents enthousiastes qui partaient au combat au moment de la rentrée scolaire et universitaire, l'imam offrait à chacun de ces soldats en herbe une page du Coran qu'il avait bénie et une clé qui leur ouvrait les portes du paradis, « un monde meilleur auquel chacun d'entre vous a droit ».

Un procès sans appel

Rahmat avait regardé le vieil ayatollah à la télévision à l'occasion d'un discours devant un groupe de futurs combattants. Il avait été fasciné par cet homme qui faisait frémir le monde depuis deux ans et demi, avec un langage dont l'efficacité contrastait avec le ton monocorde et las d'une voix tremblotante. Tel un prélat en chaire, il expliquait à cette foule en transe les devoirs qu'elle avait désormais à remplir, le rôle qu'elle avait à jouer et la page d'histoire qu'elle aurait à écrire. Cet homme avait un charisme, un don de la parole unique auquel les gens issus des milieux les plus défavorisés ne pouvaient rester insensibles. On était loin des discours impériaux, des messages condescendants, des instructions autoritaires que la jeunesse des années 60 et 70 refusait d'écouter.

« Partout où vous irez, je serai avec vous, et Dieu avec moi... Le Tout-Puissant est mon guide et je suis le vôtre, écoutez-moi comme je L'écoute... Il me parle et je vous parle en Son nom... Faites-moi confiance... »

C'est alors que Rahmat s'aperçut que Glücksman comprenait le persan. Pas une fois, l'Israélien ne demanda la traduction d'un mot, et quand le vieil ayatollah eut terminé son intervention et se retira du balcon d'où il parlait, il dit à Daneshvar :

« Que dire d'autre, qu'ajouter à ça : cet homme sait toucher son auditoire, il sait trouver les mots qu'il faut. »

Le piège

Les quatre ou cinq fonctionnaires iraniens qui se trouvaient dans le salon du Hilton écrasèrent une larme, bouleversés par les paroles de leur chef. Eux, de toute évidence, n'avaient pas remarqué que Glücksman comprenait le persan. C'était tant mieux.

Fin septembre, l'Israélien et le Sud-Africain quittèrent l'Iran et laissèrent des hommes à eux sur place. Leur départ coïncida avec un emploi du temps quotidien plus astreignant pour l'ancien gouverneur de la banque centrale. Désormais il ne dormait plus à l'hôtel, mais dans une petite villa des environs, surveillé par trois individus qui l'enfermaient à double tour sitôt son dîner terminé, pour le libérer le matin vers six heures.

Il y eut quelques provocations sans importance, des paroles malheureuses à son égard, des allusions désagréables sur les juifs et les bahaïs, mais Rahmat n'y accordait aucune importance. Tous les jours, dans le même salon, il rencontrait ses interlocuteurs, prenait connaissance des dernières livraisons, des messages parvenus pendant la nuit de l'étranger, des mouvements de capitaux et de la situation militaire sur le terrain.

Il eut même la surprise de se trouver un matin face à un Suisse, venu proposer du matériel de guerre pour une très importante firme de Zurich et la vente de petits avions d'entraînement bon mar-

Un procès sans appel

ché, très maniables et capables d'effectuer des missions de combat.

« Il n'est pas impossible que je parvienne à débloquer certains avoirs que vous avez encore dans nos banques si le gouvernement de votre pays est intéressé par les propositions de vente que je vous fais. »

L'affaire fut rondement menée et peu de temps après, la Confédération restituait à l'Iran une partie non négligeable d'avoirs impériaux qui dormaient dans ses coffres-forts. Comme cette importante firme helvétique avait des actions et des succursales en Italie, en Allemagne fédérale, en Grande-Bretagne et en Autriche, ces quatre pays acceptèrent à leur tour de se rembourser sur certains comptes iraniens bloqués depuis de nombreux mois pour payer la livraison de matériel militaire et industriel dont Téhéran avait grand besoin.

Un jour, la porte du salon s'ouvrit et des hommes en armes entrèrent, hurlant des ordres que personne ne comprit. Quand le silence fut revenu, Rahmat vit alors un petit homme qui lui faisait face, en costume civil, une barbe d'une semaine et des lunettes sur le nez.

« C'est vous, Daneshvar?

— Oui, c'est moi, monsieur, que puis-je pour vous?

— Je m'appelle Mir Hossein Moussavi, je suis le Premier ministre d'Iran. »

Le piège

Rahmat se leva, s'inclina poliment et s'excusa de ne pas l'avoir reconnu. Tout le monde se leva également. Moussavi les pria de s'asseoir.

« C'est donc ici que tout se passe... Comme c'est intéressant... Alors, Daneshvar, dites-moi, de quoi parlez-vous aujourd'hui ? »

L'ancien aide de camp fit un bref exposé sur les travaux en cours, sur l'état d'avancement de certains dossiers sensibles, des prochaines livraisons, des pays qui traînaient encore les pieds. Pas une fois, le Premier ministre ne l'interrompit. Au contraire, il le regardait par-dessus ses lunettes, prenant parfois des notes, ou dévisageait les gens qui l'entouraient. Quand Rahmat se tut, le chef du gouvernement se leva et, s'adressant à lui, ajouta :

« C'est bien... c'est très bien... Il semble que vous ayez fait du bon travail en si peu de temps... Je pense que votre mission sera bientôt terminée... Je vous le ferai savoir en temps utile. »

Puis, regardant les Israéliens et Sud-Africains qui lui faisaient face, il conclut :

« Messieurs, je vous félicite... Au revoir. »

Les gardes du corps hurlèrent les mêmes ordres, les bruits de bottes disparurent et le silence revint.

Les Iraniens siégeant à la commission avaient suivi le Premier ministre jusqu'à la sortie de l'hôtel. Pour la première fois, Daneshvar se trouvait seul avec les conseillers étrangers. Alors, Spitz, qui avait

Un procès sans appel

succédé à Glücksman, glissa discrètement à l'oreille du bahaï :

« Votre famille va bien... Ils sont aux États-Unis. Votre communauté s'occupe d'eux. Nous leur avons donné de vos nouvelles... Ne me posez aucune question... »

Le cœur de Rahmat fit un bond énorme dans sa poitrine. Maryam, Diana, les autres, il les avait un peu oubliés au milieu de cette agitation et du travail qu'il effectuait depuis des semaines. « Dieu soit loué », pensa-t-il. A cet instant précis, la porte du salon s'ouvrit et les quatre fonctionnaires reprirent leur place autour de la table de travail. Pour la première fois depuis bientôt trois années, quelqu'un lui donnait des nouvelles de sa famille et, cette fois-ci, il savait que les informations étaient crédibles et sérieuses.

Rahmat eut envie de griffonner quelques mots sur une feuille de papier, à l'intention de Elias Spitz, pour en savoir davantage, mais l'occasion ne s'y prêta pas. Il attendrait un moment plus favorable.

Il ne dormit pas de la nuit, ou si peu, tant il était heureux. Même ses geôliers se rendirent compte de ses nouvelles dispositions.

« Alors, Daneshvar, qu'est-ce qui te rend si joyeux ? Fais-nous part de ta bonne nouvelle... Tu nous quittes bientôt ? »

Rahmat revint à la réalité de son univers carcéral et répondit :

Le piège

« Non, non... J'ai seulement fait du bon travail, aujourd'hui, avec ces messieurs de la commission, et l'Iran reçoit désormais de plus en plus d'armes pour chasser les agresseurs de son sol... Bientôt, il n'y aura plus un seul Irakien chez nous... C'est une bonne nouvelle, non ?

— J'ai jamais douté qu'on finirait par les exterminer, ces salauds-là, dit l'un des gardes.

— Dommage que je sois ici, rétorqua un autre, j'aurais aimé aller me battre, comme mes deux frères. »

Le surlendemain seulement, Daneshvar obtint par bribes l'information qui lui tenait à cœur : non, Maryam et ses enfants ne savaient rien des tortures et des humiliations qu'il subissait, ils le savaient simplement retenu contre son gré, mais avaient craint pour sa vie pendant la première année de leur séparation. Ils ne manquaient de rien, la scolarité des enfants se passait bien et Maryam vivait avec sa sœur en Californie du Sud. Spitz ne savait rien de plus ou ne voulait rien dire d'autre.

Fin octobre, l'Israélien prit congé de Rahmat.
« Je ne serai pas remplacé. Tout semble aller très bien en ce moment. Nos hommes sont sur le terrain et tout se passe à merveille. Si quoi que ce soit d'imprévu survenait, faites-le-moi savoir, notre

Un procès sans appel

département enverrait quelqu'un dans les plus brefs délais. Bonne chance... »

Rahmat serra la main de son interlocuteur avec vigueur. Il avait le sentiment que non seulement il ne verrait plus jamais cet homme, mais que son rôle était désormais terminé. En effet, il avait bien travaillé et avait mis ses connaissances au service de l'État. Sur le front, les événements allaient de mieux en mieux et les avions gros-porteurs continuaient de déverser quotidiennement leurs cargaisons de guerre.

Des sommes impressionnantes avaient été récupérées dans les banques occidentales grâce à des trésors d'ingéniosité et de subtilité, et l'ancien gouverneur ne se sentait pas peu fier du rôle qu'il avait joué pour tenter de rendre à son pays un peu d'honorabilité et de dignité.

Quand il regagna la chambre-cellule de la villa derrière le Hilton, au soir de cette dernière journée de travail, Rahmat se laissa tomber sur sa couche et pleura. De joie, certainement, car les nouvelles de sa famille lui avaient fait le plus grand bien, mais d'épuisement et de fatigue aussi, car il savait qu'un nouveau chapitre de sa vie venait de se terminer : il avait trop bien rempli son rôle de banquier, ses collègues étrangers avaient trop bien répondu à ses sollicitations, les affaires avaient trop rapidement repris et d'autres que lui, moins compétents, pou-

Le piège

vaient prendre la suite. Il savait qu'on n'avait plus besoin de lui, ce pressentiment désormais ne le quittait plus. Il pouvait être brutalisé et jeté au fond d'un cachot à tout instant. Ce soir-là, une fois de plus, il demanda assistance au Seigneur :

« Accorde-moi, ô mon Dieu, de placer en Toi ma confiance. Sois mon refuge... »

Cette nuit, Rahmat rêva de Maryam. Ils se promenaient tous deux dans un grand jardin, la main dans la main. Ils avaient à peine plus de vingt ans. Ils venaient de se marier. Une vieille femme en tchador leur apparut soudain, surgie on ne savait d'où. La femme prit la main de Maryam, la regarda longuement et lui dit, sans émotion :

« Tu auras une vie heureuse, mon enfant. Tu seras protégée par cet homme. Ne le quitte jamais, car si un jour tu t'éloignes de lui, jamais plus tu ne le reverras. »

Puis, regardant la main du jeune homme, elle ajouta, avant de disparaître :

« Elle te donnera beaucoup d'enfants et, avec eux, le bonheur entrera dans ta maison. Mais si tu la laisses partir, tu l'auras perdue. »

Rahmat se redressa d'un bond sur son lit. Il était en sueur. Il hurla le nom de sa femme, mais personne ne lui répondit. Des pas retentirent dans le couloir, la porte s'ouvrit et une ombre apparut sur le seuil :

Un procès sans appel

« Qu'est-ce qu'il se passe là-dedans ? Tu es malade ? »

Un faisceau lumineux éclaira son visage, scruta la pièce, puis l'aveugla à nouveau.

« Non... non, s'excusa Rahmat, j'ai fait un mauvais rêve, c'est tout...

— Tâche de dormir, lui dit le geôlier... Demain, on t'emmène ailleurs... »

Et la porte claqua violemment.

Pour la troisième fois, l'ancien aide de camp du shah déclina son identité à un fonctionnaire au visage grêlé qui cherchait avec difficulté les touches jaunies de la machine à écrire. Il avait été conduit dans les locaux de la Sûreté militaire du quartier d'Abbas-Abad dès l'aurore, sans même avoir eu le temps de se laver.

Hirsute, menottes aux poignets, chaussures délacées, col de chemise ouvert, il avait été jeté sur une chaise dans un lugubre bureau de cette caserne sise à peu de distance de la villa où il dormait depuis peu. L'homme qui tapait sur le clavier avait dû être également tiré de son sommeil, car son regard et l'odeur qu'il dégageait montraient qu'il avait été réquisitionné dans les plus brefs délais.

Trois fois, Daneshvar déclina son identité, son adresse, ses anciennes fonctions et ses occupations

Le piège

durant les derniers mois. Trois fois, il dut recommencer et le fit sans rechigner. Pourquoi cet interrogatoire, puisque les autorités du pays savaient qui il était ? Des responsables — et non des moindres — du régime ne l'avaient-ils pas appelé par son nom, ne s'étaient-ils pas entretenus avec lui, ne lui avaient-ils pas fait confiance pour un travail délicat ? Mieux valait, pour le moment, ne pas faire allusion à ses rencontres avec le fils de l'imam ou l'actuel Premier ministre.

« Qui étaient vos interlocuteurs lors de vos discussions dans cet hôtel ?

— Des hommes d'affaires étrangers, des vendeurs d'armes et des fournisseurs de matériel militaire et industriel.

— De quelles nationalités étaient-ils ? »

Rahmat marqua un temps d'arrêt et répondit faiblement, presque gêné :

« C'étaient des invités de la République islamique... Si je me rappelle bien, il y avait un Suisse... c'est ça, un Suisse... Et il y avait également un ou deux Sud-Africains, qui souhaitaient acheter du pétrole chez nous et l'échanger contre des canons, des pièces de rechange, des munitions... et...

— Et qui encore ?...

— Des... des Israéliens, venus également proposer des armes pour repousser l'ennemi irakien...

— Des Israéliens, vous dites... Et combien d'Israéliens ?... Des noms... Comment s'appelaient-ils ? »

Un procès sans appel

Rahmat commença à transpirer :
« Quand j'ai été amené pour la première fois à participer aux discussions de l'hôtel Hilton, il y avait deux Israéliens; le premier s'appelait Aaron Glücksman, et il était assisté d'un expert militaire, Jonathan Ben-Yehouda. Puis ces deux hommes ont quitté l'Iran et ont été remplacés par deux autres compatriotes : Elias Spitz et Zvi Baumel. C'est du moins les noms qu'ils m'ont donnés... »

A cet instant, la porte du bureau s'ouvrit et un religieux entra. Le scribe se leva et s'inclina avec respect. Daneshvar fit de même. Le port altier, le chapelet à la main, le visage clair et la barbe bien taillée, il s'avança de quelques pas. Le secrétaire dit aussitôt :

« Excellence, puis-je me permettre de vous proposer ma chaise... Je vous en prie... Voulez-vous une tasse de thé...? »

L'Excellence de service s'assit et lut les dernières lignes du rapport que le fonctionnaire avait rédigées. Rahmat était resté debout, pétrifié par l'apparition de ce personnage mystérieux. Le secrétaire se tenait debout également derrière l'homme au turban, les mains croisées sur le pantalon, légèrement incliné vers l'avant. De temps en temps, il jetait un regard rapide vers le prisonnier, en fronçant sévèrement les sourcils. Quand la lecture des feuillets fut terminée, le visiteur releva la tête et fixa l'ancien

Le piège

gouverneur. Pendant une demi-minute, il le contempla sans faire le moindre commentaire. Puis, lentement, il passa la main dans sa barbe, se tourna vers le fonctionnaire qui recula d'un pas et lui dit :

« C'est bien, frère Rahmani, c'est bien... Poursuivez votre travail... Quand vous aurez terminé, vous me le ferez savoir... Continuez, c'est bien... »

Et sans regarder Rahmat qui n'en menait pas large, le religieux sortit de la pièce.

Le questionnaire reprit :

« Spitz et Baumel, vous avez dit ? Vous n'êtes pas certain de leurs noms ?

— C'étaient les noms qu'ils nous avaient donnés dès le premier jour de notre rencontre. Les autres Iraniens qui étaient à mes côtés les appelaient d'ailleurs par ces deux noms. Je pense donc que c'étaient leurs véritables patronymes et que c'est sous cette identité qu'ils sont entrés en Iran.

— D'autres Iraniens, dites-vous, quels autres Iraniens ? »

Daneshvar dit au fonctionnaire les noms de la dizaine de compatriotes qui avaient assisté aux entretiens dès l'arrivée de Glücksman et Van der Meerve, avec leurs âges approximatifs et leurs fonctions éventuelles. Il parla de ses premiers contacts dans sa prison avec Habibollah Emami, du bureau du président, des civils et des militaires qui, tous les jours, pendant plusieurs heures, participaient aux discussions, prenaient des notes, faisaient des commentaires et formulaient des propositions. Il fit également allusion à la rapide visite du Premier ministre Moussavi, mais remarqua que le scribe ne transcrivait sa phrase qu'avec réticence.

« Son Excellence le Premier ministre sembla satisfait de nos efforts et nous demanda de continuer avec le même zèle. Il avait l'air content et était très souriant. »

L'interrogatoire dura trois heures. L'homme voulait connaître les moindres détails : y avait-il des religieux dans cette commission, les participants pouvaient-ils aller et venir à leur guise, téléphoner quand ils le voulaient, y avait-il des apartés, des discussions confidentielles entre Iraniens d'une part, étrangers de l'autre, s'était-il trouvé seul à un moment ou à un autre avec des Israéliens ou des Sud-Africains, avait-il à un moment ou à un autre parlé d'autre chose, d'affaires privées et personnelles, lui avait-on remis une lettre ou un billet, ou avait-il lui-même tenté de faire passer un mot ?... A chacune de ces questions, Rahmat répondait posément, après avoir réfléchi quelques instants. Il savait là aussi qu'il était, soit enregistré, soit filmé. Chaque mot prononcé pourrait se retourner contre lui plus tard, chaque phrase avait son importance. On lui demanda encore ce que lui et ses interlocuteurs mangeaient, à quel étage de l'hôtel il avait

Le piège

sa chambre, si elle était voisine de celle des Israéliens, avait-il eu des contacts avec eux en dehors des heures de travail ? Le fonctionnaire lui demanda également si des femmes rôdaient dans les étages aux heures de la sieste ou le soir.

Quand cet interrogatoire fut terminé et qu'il lui fut ordonné de venir signer le document, Rahmat demanda la permission de le lire.

« Il n'en est pas question. Tu signes et tu te tais. »

Et il lui tendit une plume. Très rapidement, le prisonnier jeta un regard furtif sur les trois dernières questions : à chacune des réponses négatives que Daneshvar avait données, l'homme avait répondu affirmativement : oui, des femmes circulaient dans les étages ; oui, de l'alcool avait été servi dans les chambres ; oui, il avait rencontré des étrangers dans des chambres voisines ! Il comprit qu'il venait de parapher sa condamnation. Il ne pouvait rien dire, rien faire : il avait signé son arrêt de mort.

Sans avoir pris la moindre nourriture depuis la veille au soir, il fut amené dans une autre pièce où il put boire un verre d'eau. Laissé seul quelques instants, il en profita pour lacer ses chaussures, fermer le col de sa chemise et passer la main dans ses cheveux. A peine avait-il terminé que le religieux qu'il avait aperçu le matin fit son entrée, suivi de deux jeunes assistants en civil. Rahmat se leva et les salua. Le dignitaire s'assit et sortit son moulin à prières. Il avait avec lui le texte remis par le fonctionnaire. Il l'avait apparemment lu, puisqu'il dit d'emblée :

« Ainsi donc, tu reçois des Israéliens ? »

Daneshvar fut surpris par cette question :

« On m'a demandé de parler avec ces gens-là pour nous fournir en matériel de guerre afin de chasser les envahisseurs hors de notre sol. Je pense avoir fait mon travail avec honnêteté et sérieux.

— Qui t'a demandé de faire ce travail, comme tu le dis ?

— M. Habibollah Emami, du bureau du président de la République. Il est venu m'en parler il y a quelques semaines sur mon lieu de détention et m'a dit que c'était un devoir pour moi, une mission pour sauver la patrie en danger...

— Il n'y a jamais eu de Emami à la présidence et si un homme est venu te dire de telles choses, c'est un espion et un imposteur !

— Mais ces rencontres pendant des jours et des jours à l'hôtel Hilton, les conversations...

— Ne m'interromps pas ! Tous ces entretiens ont été enregistrés, nous avons noté tes paroles, tes questions et tes réponses, rien ne nous a échappé. Nous voulions voir jusqu'où tu oserais aller dans tes agis-

Le piège

sements contre notre bien-aimé imam et notre République. Tu n'es qu'un traître, Daneshvar, et tu sais ce qu'on fait aux traîtres et aux agents de l'étranger. Tu parles d'un Suisse : il n'y a jamais eu de Suisse. Tu parles de Sud-Africains, il n'y a jamais eu de Sud-Africains. Ce sont tous des Israéliens, des sionistes, des juifs, de la vermine et tu as comploté avec eux comme tu l'as toujours fait pendant ta misérable existence. Tout a été enregistré, tout a été filmé, nous avons des preuves... »

Le religieux s'était levé et, dirigeant son doigt vers Rahmat, il hurla en termes saccadés :

« C'est le bout du chemin, fils de pute ! Il faut payer la note pour tous tes agissements ! Toi et les tiens serez écrasés. Plusieurs centaines d'individus de ta race ont déjà été éliminés, d'autres comme toi suivront. Vous avez beau vous terrer comme des rats, nous vous sortirons de vos trous pour purifier notre terre d'Iran !... Tous les juifs comme toi seront exterminés, tous ! »

Quand il se retrouva seul sur sa chaise, Rahmat baissa la tête. Ses forces l'avaient quitté. Seul Dieu pouvait l'aider et l'assister dans son désarroi. Il pria une fois encore.

10

LE SECOND PROCÈS

Quand Rahmat fut introduit sans menottes dans la salle du tribunal révolutionnaire, il faillit suffoquer. Une foule impressionnante s'y était entassée dans l'espoir d'assister à un spectacle riche en émotions. Le procès d'un bahaï, ce n'était pas rien. Et surtout un bahaï qui avait occupé de hautes fonctions.

L'enceinte était surchauffée, personne n'ayant osé ouvrir la moindre fenêtre. Une odeur de fauve flottait dans l'air vicié.

Pour la première fois depuis un mois, on avait autorisé le détenu à faire une toilette complète la veille au soir.

Des sous-vêtements propres et une chemise repassée avaient été posés par un gardien sur la seule chaise de sa geôle. On lui avait apporté le costume qu'il avait porté pour les séances de travail de l'hôtel Hilton.

Depuis une semaine, la nourriture s'était quelque peu améliorée, on lui en donnait autant qu'il le désirait, il pouvait boire du jus de fruit et de l'eau miné-

Un procès sans appel

rale. Il se doutait qu'il allait comparaître sous peu et qu'il devait être présentable. Sa gorge s'était cicatrisée et seuls les aliments solides le faisaient encore souffrir lorsqu'il avalait. Un de ses gardiens lui avait même proposé un soir une cigarette. Mais à la première bouffée, il la lui rendit : fumer lui était intolérable, tout était à vif à l'intérieur de ses poumons.

« Je te réveillerai demain matin à 5 h 30. Tu auras une demi-heure pour te laver, t'habiller et te restaurer. A six heures, je t'emmènerai dans le bureau du directeur. De là, on te conduira en ville. Je ne pense pas que nous nous reverrons ensuite. »

Rahmat tenta de lui parler, d'en savoir plus :

« Nous serons plusieurs à aller à Téhéran demain matin ?

— Trois autres types seront avec toi, dont un ancien général. »

L'homme fit quelques pas vers la porte pour s'en aller avec la serviette de toilette, l'écuelle et la savonnette, et Daneshvar l'interpella encore :

« Je te remercie pour ce que tu as fait pour moi. Tu es différent des autres. Je te remercie... Dieu te le rendra... merci...

— Je ne suis pas d'accord avec ceux qui te frappent, ou qui frappent d'autres prisonniers. On a frappé mon père il y a deux ans, parce qu'il fournissait des volailles à un proche du Palais. Ça m'a fait

Le second procès

mal à moi aussi. Mais que faire quand trois jeunes frappent un vieux ? »

Et la porte se referma.

Rahmat ne trouva pas le sommeil. Toute son existence défila devant ses yeux. Il savait que désormais sa fin était proche. Il avait eu trop d'émotions, de possibilités de fuite ou même de corruption depuis bientôt trois ans pour se sortir de cette situation. Lentement, l'étau s'était refermé sur lui : on l'avait pressé tel un fruit. Il avait su, par des conseils avisés et des contacts utiles, contribuer pour un temps à remettre le pays à flot par des relations avec des agents israéliens qui étaient officiellement les pires ennemis de la nation. On n'allait pas laisser vivant un témoin de toutes ces tractations ! D'autres avaient disparu avant lui pour moins que ça...

Rahmat jeta un regard rapide sur la foule qui l'entourait. Pas une femme, des hommes jeunes pour la plupart, aux crânes rasés, aux visages tous barbus, qui le dévisageaient avec curiosité. Il y en avait même un qui lui souriait, comme par défi. Pas un religieux parmi la foule des curieux qui bavardaient ou lisaient un journal. Pas de caméra de télévision non plus, mais deux ou trois journalistes avec leurs blocs-notes, qui remplissaient déjà des feuillets immaculés. Évidemment, pas d'avocat non plus.

Un procès sans appel

Soudain, un homme aboya :
« Silence, s'il vous plaît. Voici Son Excellence Monsieur le Procureur de la Révolution Ghaffari. Debout ! »

Tout le monde se leva et, après un geste du magistrat, se rassit. Le personnage était laid. Grand, très mince, il portait de petites lunettes rondes à monture métallique. Une ample barbe noire contrastait avec un turban blanc et un vêtement clair recouvert d'un manteau de lin brun pâle. Ses doigts étaient presque tous bagués et Rahmat, qui était assis au premier rang de la salle, remarqua que l'homme portait également des chaussettes et des espadrilles blanches.

Ghaffari voulait incarner la pureté et l'intégrité de sa fonction et ses excentricités vestimentaires avaient surpris plus d'un ayatollah. Il était entouré de deux assesseurs religieux, qui n'avaient guère plus de trente ans. Une dizaine de dossiers ficelés garnissaient la table des magistrats, encombrée de bouteilles, de verres et de micros reliés à des magnétophones. Un bouquet de fleurs blanches était placé devant le juge islamique.

Au mur, derrière Ghaffari, un portrait géant de Khomeini dominait la salle qu'écrasait un silence pesant.

Le procureur ouvrit un premier dossier. Après de nombreux effets de manches, il s'attarda sur des

Le second procès

feuillets roses. Quant il eut fini de les parcourir, il ôta ses lunettes et fixa le prisonnier.

Rahmat se sentit d'emblée très mal à l'aise. Le regard dur et brutal de Ghaffari en disait long sur la haine que le magistrat ressentait pour le bahaï, incarnation du mal en ce nouvel État islamique.

Il tapota le micro pour vérifier qu'il fonctionnait et ordonna :

« Rahmat Daneshvar, lève-toi et écoute l'acte d'accusation que je vais te lire. »

Tandis que le prisonnier se levait, le magistrat exhiba le document qu'il venait de feuilleter.

« Tous les dossiers qui sont sur cette table sont le résultat d'un travail minutieux exécuté par mes services depuis plusieurs mois pour la recherche de la vérité et, sur cette feuille, sont notifiées les conclusions auxquelles nous avons abouti. »

Ghaffari but une gorgée d'eau, essuya ses lèvres du revers de sa main, se racla la gorge et lut :

« En tant que procureur révolutionnaire et chargé par notre vénéré imam de poursuivre les ennemis de notre République bien-aimée, je t'accuse :
» Premièrement : d'avoir depuis des années comploté avec les ennemis de notre patrie afin de tenter de renverser un régime voulu par le peuple et pour le peuple.
» Deuxièmement : d'avoir eu des contacts récents avec des agents étrangers dans le but d'armer des contre-

Un procès sans appel

révolutionnaires afin de fomenter un coup d'État militaire.

» Troisièmement : d'avoir odieusement profité de la guerre qui nous oppose depuis quinze mois à l'envahisseur arabe pour tenter de déstabiliser notre vaillante armée et l'obliger à retourner ses armes contre ses chefs avec l'accord des barbares irakiens.

» Quatrièmement : d'avoir fait propager à l'extérieur de nos frontières des informations calomnieuses contre nos dirigeants et particulièrement contre le premier d'entre eux, notre vénéré imam et Guide de la révolution.

» Cinquièmement : d'avoir refusé toutes les propositions amicales et désintéressées que le gouvernement de la République islamique t'offrait en te demandant de te mettre au service de notre cause pour chasser les barbares qui avaient envahi et souillé le sol sacré de la patrie.

» Sixièmement : d'avoir refusé de reconnaître tes fautes passées, qui avaient permis à un régime fasciste et tortionnaire de faire main basse sur les richesses de l'Iran et de les transférer à l'étranger, essentiellement dans des banques sionistes.

» Septièmement : d'avoir également refusé notre offre généreuse de renier ta religion pour embrasser celle de centaines de millions de musulmans, la seule capable d'écouter et de transmettre la parole de Dieu.

Le second procès

» Huitièmement : d'avoir tenté de corrompre toutes les personnes que tu as pu approcher durant ces trois dernières années, pour tenter de fuir le pays et de créer un réseau anti-islamique à l'étranger.
» Neuvièmement : d'avoir blasphémé et outragé le nom du Tout-Puissant, de t'être moqué de la divine religion islamique et d'avoir essayé de convertir à ta secte les personnes que tu as pu approcher durant ta détention.
» Dixièmement : d'avoir injurié notre bien-aimé imam, de l'avoir insulté et d'avoir craché sur son portrait. »

Plus le procureur avançait dans la lecture de son texte et plus la salle grondait. Des spectateurs hurlaient leur indignation. Chaque fois, Ghaffari levait un bras et exigeait le silence. La longue litanie des méfaits du prisonnier se poursuivait : il avait profané le drapeau de la République islamique, il avait souillé les saintes pages d'un Coran qu'on lui avait prêté, il avait...

Pendant près d'une heure, le procureur général, tantôt psalmodiant, tantôt se dressant sur ses pieds et criant sa colère, lut plusieurs dizaines de pages d'un dossier accablant.

Depuis longtemps, Rahmat n'écoutait plus. Il avait baissé la tête et priait. Ces horreurs qu'on lui reprochait, cet interminable catalogue de mensonges qu'on lui récitait, comment les démentir, comment crier son émotion devant tant de contre-vérités et d'affabulations, sinon en faisant davantage encore le jeu de ses adversaires ?

Soudain, il y eut le silence. Ghaffari avait terminé la lecture de son document. Daneshvar releva la tête. Le procureur le fixa, les sourcils froncés, le doigt vengeur pointé vers lui :

« Daneshvar, je viens de te lire la longue liste de tes méfaits et de tes fautes. Chacun d'entre eux est passible, selon notre Constitution, de la peine capitale. Qu'as-tu à répondre ? Qu'as-tu à dire pour ta défense ? »

Rahmat regarda le magistrat, ouvrit la bouche et tenta de dire quelque chose. Il ne le put. Ghaffari ricana :

« Tu n'as rien à répondre, je le savais. La honte t'envahit. Tu reconnais tes fautes. Dis-le, que je t'entende ! »

L'accusé s'était levé lentement. Il avait tant de choses à dire mais hésitait sur le premier mot à prononcer. Car il le savait : son sort en dépendait. Il ne voulait surtout pas indisposer le juge qui avait la totalité du public avec lui. Rahmat n'avait pas de défenseur pour l'assister et ne connaissait pas les termes de la loi qui lui auraient permis de répondre point par point aux acccusations qui l'accablaient. Comment convaincre un magistrat provocateur, qui se servait de cette tribune pour sa production per-

Le second procès

sonnelle, que les contacts qu'il avait eus durant les semaines écoulées avec des agents étrangers avaient été mis sur pied par la République elle-même, pour la sauver de la déroute militaire et de la débâcle économique ?

« Monsieur le Président ... Excellence, permettez-moi de vous dire que j'ai écouté avec le plus grand soin l'acte d'accusation que vous venez de porter à la connaissance de cette cour. Devant cette longue liste de faits que vous me reprochez, si j'admets que pendant des années, j'ai travaillé pour un régime que vous avez renversé après l'avoir combattu, si je ne suis pas de la même religion que la grande majorité de mes compatriotes et si j'ai refusé de renier ma foi et celle de mes parents, je rejette la totalité des accusations dont vous m'accablez, car depuis bientôt trois ans qu'une République a été instaurée dans ce pays, je n'ai pas eu le moindre contact avec des agents étrangers ou des ennemis du peuple, mais j'ai effectivement eu ces derniers temps, à la demande même des autorités de ce pays, des conversations avec des personnalités étrangères pour rapatrier en Iran des sommes d'argent indûment exportées et acheter des armes. J'ai des témoins de ce que j'avance, j'ai des noms que vous pouvez aisément vérifier. Je pense avoir honnêtement fait mon devoir de patriote, aussi bien autrefois qu'aujourd'hui et je n'ai pas à rougir de ce que j'ai fait. Et puisque vous dites, Monsieur le Président, que je devrais en assu-

Un procès sans appel

mer les conséquences et que chacun de ces délits est passible de la peine capitale, j'attendrai votre verdict avec confiance. »

Il y eut un long murmure dans la salle. Rahmat savait que tout le monde le regardait. Il attendait désormais la réplique de Ghaffari. Un de ses assistants lui parla à l'oreille. Le magistrat se versa un nouveau verre d'eau et but lentement, tout en regardant sa victime.

« Tu dis, Daneshvar, que tu as des témoins, que ces personnes sont haut placées et que je peux vérifier tes allégations. Alors, de qui s'agit-il? Vas-y, donne-moi quelques noms. »

Rahmat parla alors de son premier contact avec le ministre de la Défense dans le camp d'entraînement de la Caspienne, de la visite impromptue du fils de l'imam dans la villa proche de l'ambassade américaine, où il épluchait des tonnes de dossiers pour retrouver les capitaux transférés en Occident, de l'arrivée du Premier ministre lors des entretiens de l'hôtel Hilton, il cita des noms de collaborateurs subalternes, de ses interlocuteurs étrangers, des personnalités qu'il joignait par téléphone ou par télex. Il ajouta qu'il avait été encouragé, lui et ses compagnons d'infortune, à poursuivre inlassablement leur tâche et qu'il en avait même été félicité à maintes occasions.

Chaque fois qu'il s'interrompait pour reprendre

Le second procès

son souffle, Daneshvar aurait pu entendre une mouche voler. Pas un bruit ne s'élevait de la salle, tous les regards étaient tournés vers lui, on buvait ses mots. Ghaffari ne montra aucun signe d'énervement ou de doute et ne le quitta pas un seul instant des yeux. Seuls ses assesseurs prenaient des notes sans lever la tête.

Rahmat parla pendant une demi-heure sans être interrompu une seule fois, rappelant la confiance dont il avait joui durant ces dernières semaines, décrivant avec minutie les rencontres, les salles où elles s'étaient déroulées, les personnes qui y assistaient et les résultats positifs que le pays en avait tirés. Et il termina par cette phrase qui avait quelque peu dépassé sa pensée, mais qui dans le contexte présent se comprenait aisément :

« Je pense, Monsieur le Président, avoir fait mon devoir et accompli tout ce qu'on attendait de moi. Je n'ai trahi la confiance de personne, je n'ai cherché, à aucun moment, à tromper qui que ce soit. Si c'était à refaire, je le referais de la même manière et avec le même enthousiasme. Avant d'être bahaï, je suis iranien et j'ai des devoirs envers cette nation. »

Il savait qu'il avait exagéré ses propos, mais il avait également conscience qu'il jouait sa vie et que seuls des paroles aux accents patriotiques pouvaient encore émouvoir un tribunal totalement inféodé à l'obscurantisme, à la barbarie et qui n'avait aucune notion de ce que signifiaient les droits de l'homme et du citoyen. Alors, autant parler haut et fort, peut-être pour la dernière fois, en citant des noms, et pas n'importe lesquels, en prononçant des mots percutants qui produiraient peut-être leur effet dans des esprits frustes.

Alors, survint un événement qui surprit Rahmat. S'attendant désormais à un flot de haine et de violence de la part de Ghaffari qui n'avait toujours pas bronché, à des insultes et à un torrent de critiques, il vit soudain le juge islamique se lever, emporter un dossier sous son bras et dire simplement :

« Les débats reprendront dans une heure. Je suspends l'audience. »

S'en suivirent un brouhaha, une bousculade, des cris, quelques injures, puis le calme revint. Rahmat fut conduit dans une salle voisine où on lui remit des menottes et des chaînes aux pieds. Trois jeunes gens le gardaient. L'un d'eux le nargua.

« Ne crois surtout pas que tu vas t'en sortir comme ça. Tes mensonges n'ont trompé personne. Le juge est fou de rage. Attends seulement qu'il revienne. »

Les deux autres geôliers, arme en bandoulière, fumaient une cigarette sans rien dire. Rahmat ne répondit pas à la provocation. Il savait que ce qu'il venait de dire avait produit son effet. Il jouait à quitte ou double. Il avait la corde au cou, mais la

Le second procès

trappe n'avait pas encore été ouverte par le bourreau. Sa vie ne tenait qu'à un fil. Qu'allaient répondre le fils de l'imam ou le Premier ministre aux questions que Ghaffari risquait de leur poser ? Et s'ils niaient ? Daneshvar n'y avait pas pensé. Et les longues palabres du Hilton, et la chambre qu'il y avait occupée pendant des semaines, et les repas qu'il y avait pris avec les autres fonctionnaires iraniens, et puis, et puis, et puis... Et si ça n'avait pas existé ?

Ce ne fut qu'en début d'après-midi que l'audience reprit dans une salle en ébullition et qui parut à Rahmat encore plus bondée que le matin. Des gens étaient même assis sur l'estrade, aux pieds des juges. Le bahaï eut du mal à se frayer un passage, mais il y parvint tant bien que mal, après que ses gardiens eurent quelque peu bousculé des spectateurs récalcitrants. Il ne faisait aucun doute que ces gens étaient venus là comme au spectacle, le genre de théâtre que la tradition persane perpétuait depuis des siècles, avec des acteurs pris parfois parmi l'auditoire, inventant paroles et chants, larmes et cris. Cette comédie à l'iranienne avait tout pour se terminer en tragédie, tout le monde le savait, les acteurs comme le public. Seul l'épilogue restait encore à écrire.

Le juge Ghaffari entra sous les applaudissements

Un procès sans appel

d'une salle survoltée et enthousiaste. On entendit des « Vive Khomeini ! » ou des « Vive Ghaffari » et le magistrat au turban blanc et aux petites lunettes rondes arbora pour la première fois un sourire béat, levant la main en guise de remerciements. Même ses assistants étaient hilares, comme s'ils connaissaient déjà le verdict.

Le jeune garde, qui avait échangé auparavant quelques mots avec Daneshvar, se pencha vers le prisonnier et lui glissa à l'oreille :

« Je te l'avais bien dit, c'est fini pour toi... »

Quand le calme fut revenu dans le prétoire, la séance put reprendre. A l'appel de son nom, Rahmat se leva. Il était blême. La sueur perlait à grosses gouttes sur son front et il fut pris d'un léger tremblement. On l'avait laissé s'exprimer, on avait dû faire un rapide complément d'enquête et trouver quelques témoins de dernière heure, bref, son sort allait se jouer maintenant.

Le juge islamique attaqua de but en blanc :

« Daneshvar, si j'ai bien compris ce que tu nous as dit ce matin, tu aurais vécu pendant quelques semaines – il fouilla dans les feuillets et lut les dates avancées par le prisonnier – à l'hôtel Hilton, chambre 1215, avec des hommes d'affaires étrangers dont tu nous as donné les noms, pour tenter de rapatrier des fonds et introduire des armes en Iran... »

Ghaffari leva le nez et regarda l'accusé :

Le second procès

« C'est très intéressant : si je t'ai bien compris, tu ne fais que t'accuser et t'enfoncer davantage. Car faire venir des armes en Iran, surtout en temps de guerre, est un crime sévèrement puni par la loi. Tu dis que tu as fait ça pour sauver le pays qui manquait de moyens de défense. Donne-moi des preuves... Je veux des preuves... Je n'ai aucun document sous les yeux pouvant me convaincre que tu es ce sauveur dont l'Iran avait besoin et je ne pense pas que tu puisses m'en fournir. »

Rahmat ne chercha même pas à répondre. Il baissa la tête. Le magistrat reprit :

« J'oublie ce que j'ai dit et je veux croire que, effectivement animé par un sentiment de patriotisme tardif, tu as estimé qu'il était de ton devoir d'aider ton pays, comme le font depuis quinze mois des millions d'Iraniens fiers d'avoir pris les armes contre les successeurs de Yazid qui nous ont sauvagement attaqués. Mais je dois t'avouer que cela me surprend. Mes services ont fait une enquête minutieuse au sujet de ton séjour dans cet hôtel avec des étrangers. Je ne trouve nulle part trace de ton passage et encore moins dans ladite chambre 1215. »

Ghaffari fit défiler ses témoins : le directeur de l'hôtel, son adjoint, le responsable des salons privés, deux maîtres d'hôtel, les surveillants des étages, des domestiques, des femmes de chambre : tous prétendaient n'avoir jamais vu Rahmat Daneshvar, ne lui avoir jamais parlé. A cette époque, l'établissement avait été fermé dans ses étages supérieurs pour des travaux de décoration et, quant aux salons privés, ils avaient été interdits depuis le début de la révolution sur ordre des autorités religieuses qui souhaitaient ainsi contrôler les allées et venues de l'hôtel.

L'ancien gouverneur avait reconnu le directeur du Hilton et savait que ce dernier avait reçu la consigne de mentir. Pas une fois leurs regards ne se croisèrent et même Ghaffari dut venir à son secours pour donner du poids à ses réponses. Le responsable des salons dut même s'y reprendre à deux fois pour expliquer que les salles du bas étaient fermées depuis de longs mois, après avoir soutenu le contraire quelques instants auparavant, quand il avait confirmé que le Premier ministre y avait fait un tour un mois plus tôt. Il fut vite reconduit hors de la salle, et on ne tint pas compte de ses propos. C'était désormais un jeu subtil entre Ghaffari et sa victime, à celui qui non seulement ébranlerait l'autre davantage, mais également à celui qui saurait le mieux prendre la salle d'audience à témoin. Il ne faisait aucun doute que le public soutenait le procureur, l'applaudissait et l'interrompait fréquemment pour mieux l'encourager. Il arrivait également que des voix s'élevaient dans la foule pour questionner Rahmat, le contredire ou l'insulter.

Le juge islamique laissait un dialogue s'installer

Le second procès

entre le public et le prisonnier, donnant la parole aux uns et aux autres, pointant son index vers ceux qui avaient demandé la parole. Puis, levant ses deux bras, il reprit sa démonstration avec ironie :

« Je dois te dire également, Daneshvar, que la police des étrangers, qui dépend du ministère de l'Intérieur, le ministère de la Sécurité et du Renseignement, et celui des Affaires étrangères me confirment qu'il n'y a jamais eu parmi les hôtes de cet hôtel des hommes d'affaires suisses, sud-africains et israéliens et que jamais des visas aux noms de ces personnes n'ont été accordés par les autorités iraniennes. Alors, ou bien tu mens et tu inventes des situations et des personnages, en éclaboussant notre très honorable Premier ministre, ou alors tu as effectivement eu des contacts récents avec des agents à la solde de l'étranger qui se sont infiltrés chez nous pour te rencontrer et te vendre des armes afin de fomenter un complot contre le régime? Quelle version préfères-tu? »

Les débats se poursuivirent pendant une heure encore, et point par point, le juge Ghaffari démonta les uns après les autres les arguments de sa victime. De nombreuses fois, il fit rire la salle, d'autres fois il l'émut. Il sut trouver les mots pour provoquer la colère et l'hystérie, les larmes et l'émotion. Rahmat savait depuis longtemps qu'il ne s'agissait plus de son procès, mais de celui de sa religion, de ses amis,

Un procès sans appel

de l'ancien régime et de l'Occident tout entier. Pêle-mêle, on critiqua la France et sa curieuse théorie des droits de l'homme, l'Angleterre qui n'avait même pas su trouver un homme pour diriger son gouvernement et se cachait sous les jupons d'une femme agressive et barbare, l'Amérique qui s'était dotée d'un médiocre acteur de mauvais westerns pour président, l'Égypte et le Maroc qui avaient donné asile au shah corrompu et despote, Israël et l'Afrique du Sud, pays lamentables qu'il fallait rayer de la surface de la terre.

Quand on lui en laissait la possibilité, Rahmat répondait aux questions du juge-procureur mais, chaque fois, il soulevait soit la colère, soit l'hilarité de la salle.

« Tu dis, Daneshvar, que les gens de ta secte ne font pas de politique, que ça leur est interdit par vos lois internes. Mais pourtant, Hoveyda était bahaï et chef du gouvernement, Ansari était bahaï et ministre, et je pourrais te citer ainsi des dizaines d'autres noms. As-tu une réponse à me fournir?

— Monsieur le Président, comme j'ai déjà pu le dire devant une précédente cour, si effectivement la famille Hoveyda s'est convertie au bahaïsme au siècle dernier, l'ancien Premier ministre, son frère et d'autres de leur génération ne furent jamais des bahaïs car ils n'avaient pas été inscrits sur les listes de notre communauté ni à leur naissance, ni plus

Le second procès

tard. Quant à Ansari, il s'est exclu de lui-même de la congrégation le jour où il est entré en politique. C'est automatique. On peut devenir général, magistrat, avocat, professeur, etc. mais il est interdit de remplir des fonctions politiques et d'avoir un mandat du peuple ou du gouvernement.

— Mais un type qui n'est pas inscrit sur vos fameuses listes par négligence ou omission des parents, il est quoi alors ?

— Il peut redevenir musulman, comme l'ont souhaité les Hoveyda par exemple, choisir une autre religion s'il le désire, ou simplement ne pas s'intéresser à une religion en particulier. Et puis, il y a ceux qui deviennent bahaïs plus tard, après avoir fait leur initiation et leurs preuves.

— J'ai entendu dire que vous êtes une religion très avide d'argent et que vous attirez à vous les grosses fortunes, pour vous enrichir davantage encore, et construire d'autres temples. J'ai également entendu dire que vous payez parfois de pauvres bougres pour quitter l'islam et entrer dans votre secte. »

Il y eut un brouhaha dans la salle, des cris hostiles, des poings vengeurs qui se dressèrent, puis le calme revint :

« J'ai entendu parler de ça et je le démens formellement. Ce sont des bruits et des calomnies ignobles qui courent sur nous depuis des décennies, habilement propagés par des personnes jalouses et mesquines, qui soit ont été chassées de notre communauté, soit n'ont pas pu y entrer, des opportunistes et des arrivistes. Au contraire, nous sommes moins attachés à accroître le nombre de nos fidèles qu'à être assurés qu'ils sont sincères et prient Dieu en respectant les lois des gouvernements qui les régissent. Nous n'avons jamais été plus de dix millions dans le monde et je pense que nous ne sommes plus que trois cent mille en Iran aujourd'hui.

— Trois cent mille, tu dis, trois cent mille? Tu veux rire? On a mis de l'ordre dans ta secte. Bien moins que ça, bien moins que ça, et c'est encore beaucoup trop. N'est-ce pas que c'est beaucoup trop? » demanda Ghaffari à la salle.

Les cris et les vociférations redoublèrent, il y eut un début d'émeute, des gens tombèrent et furent piétinés et il fallut faire appel à des gardiens pour calmer les esprits et évacuer quelques blessés.

« Vive l'islam! », « Vive notre prophète Mahomet et l'imam Khomeini son représentant sur terre! », « Vive le hojatoleslam Ghaffari! »

Ce dernier poursuivit son interrogatoire. Il tenait son auditoire et voulait désormais ridiculiser le prisonnier.

« Combien de temples penses-tu qu'il y ait en Iran aujourd'hui?

Le second procès

— Près de neuf cents centres existaient il y a trois ans encore.
— Il n'y en a plus un seul actuellement. Tous ont été détruits. Plus un seul, tu entends. Nous avons lu toutes vos archives et tous vos documents. Nous avons parcouru toutes vos listes. Nous avons arrêté et éliminé tous les membres importants, mais dans notre infinie miséricorde, nous avons pardonné à tous ceux qui ont renié leur foi et reconnu leurs erreurs. Toi et les tiens, vous n'êtes que des espions et des escrocs, qui avez berné les braves gens de ce pays. Serais-tu assez fou pour nier l'évidence? Toi et les tiens vouliez fomenter un gigantesque complot pour renverser le régime et imposer vos croyances diaboliques à des millions d'Iraniens musulmans chiites, mais nous avons su vous arrêter à temps. Vous vous étiez infiltrés partout, dans le palais du shah déchu, dans l'administration à tous les échelons, à l'Université, dans les affaires, comme une maladie qui gangrène un corps sain. Qu'as-tu à répondre? »

La salle grondait de plus belle et Rahmat attendit quelques instants avant de répondre :

« Bahaollah a donné autrefois l'ordre d'obéir aux gouvernements en place, quels qu'ils soient, où qu'ils soient, et ce précepte a toujours cours. D'ailleurs, notre centre mondial, au tout début de la révolution islamique, a fait parvenir une lettre offi-

Un procès sans appel

cielle aux nouveaux dirigeants iraniens dans laquelle il affirmait son allégeance aux nouvelles lois et à la nouvelle Constitution d'Iran. J'ai lu ce document et je pense que vous aussi. »

Ghaffari s'était levé et hurla en direction de Daneshvar :

« Tu mens, et tu sais que tu mens. Tout ça est faux, archifaux, il n'y a jamais eu de lettre. Tu veux nous tromper, mais tu n'y parviendras pas. J'en ai assez entendu. Tu es coupable. Toi, tes amis, tes complices et tous les juifs qui t'entourent êtes coupables et serez éliminés. Sors d'ici, je ne veux plus te voir. Tu me fais vomir. Gardes, emmenez cet individu ! »

La salle applaudit. Mais les hurlements redoublèrent :

« Pendons-le tout de suite ! »

Rahmat fut empoigné avec brutalité.

Au passage, il reçut plusieurs coups, des crachats, on lui tira les cheveux; il préféra fermer les yeux pour ne pas voir les visages haineux qui l'épiaient et l'insultaient.

On l'enferma avec six geôliers dans une pièce attenante d'où lui parvenaient les cris de la salle d'audience. Il avait été jeté au sol sans ménagement. Il tenta de prier. Des coups violents furent assenés contre la porte, des voix vociféraient : « Tu ne sortiras pas vivant d'ici, on t'attend, fils de chien... Tu ne verras pas le soleil demain... »

Le second procès

Les gardes riaient. C'était bien la fin. Seul un miracle aurait pu le sauver.

Le soir même, il fut transporté dans un lieu inconnu de lui. Il savait qu'il était à Téhéran, dans un quartier du sud de la ville, certainement proche du Bazar. Il avait reconnu rapidement certaines avenues et la mosquée Sepah-Salar lors de son transfert en véhicule blindé.

Son nouveau cachot était froid et humide. Ici, il n'y avait ni lit, ni chaise, ni table. Juste un broc sur le sol et un verre sale. L'endroit sentait l'urine. Il fut pris de violentes douleurs à l'estomac et se recroquevilla sur lui-même pour tenter de retrouver un peu de chaleur et apaiser son mal. A peine était-il installé, couché en chien de fusil, un bras replié sous sa tête que la porte s'ouvrit et qu'un homme dont il ne distingua que la silhouette jeta sur lui le contenu d'un seau d'eau froide. Rahmat se leva d'un bond, interpella l'individu, mais la porte s'était déjà refermée.

A trois reprises, il fut ainsi aspergé d'eau glaciale et nauséabonde. Tout son corps tremblait, il fut pris de violentes coliques et ne put se contenir. Pour la première fois de sa vie, il se sentait humilié, il avait honte. On l'avait atteint dans son intimité, dans son corps, dans son âme. On voulait lui faire renier sa

Un procès sans appel

foi, renoncer à ses convictions, rejeter tout ce qui avait été le ciment de sa vie. On voulait l'avilir.

Ce fut la nuit la plus horrible. Il resta assis dans un coin de sa cellule, transi et fébrile. Il se parla à haute voix, voulant à tout prix rester éveillé. Il avait le sentiment que, s'il s'endormait, il ne se réveillerait plus. Des bruits lui parvenaient de l'extérieur, il lui semblait entendre des murmures, puis des sons métalliques, des clés ou des armes. Allait-on l'étouffer, l'exécuter. C'était à l'aube qu'on tuait, ici comme ailleurs.

Le matin glacial se leva. Au loin, la prière des croyants montait dans le jour naissant. Il psalmodia.

La porte s'ouvrit. Le même individu qui l'avait aspergé durant la nuit posa sur le sol un broc et lui jeta un morceau de pain.

« Lave-toi, vermine, bouffe ça... Je reviens dans un instant. »

Rahmat n'avait rien ingurgité depuis vingt-quatre heures. Cependant, il n'avait pas faim. Son ventre lui faisait toujours mal et ses vêtements étaient souillés. Il se débarbouilla comme il le put, à genoux par terre, nu comme un ver, puis s'essuya avec sa chemise et ses chaussettes. A peine eut-il terminé que quatre hommes en armes pénétrèrent dans le cachot. On alluma. Et le juge islamique Ghaffari apparut. Daneshvar cacha sa nudité avec ses habits.

« Alors, Monsieur le Gouverneur, on a passé une

Le second procès

bonne nuit? Quelle tenue pour un homme de votre qualité! »

Sarcastique, le religieux ricanait :

« Qu'on apporte une chaise à Monsieur le Gouverneur. Et pour moi aussi. »

Rahmat tenta de se rhabiller. Mais Ghaffari l'interrompit :

« Reste comme ça... Je ne voudrais pas que tu salisses tes vêtements avec ton sang! »

Et sur un geste du hojatoleslam, deux gardiens s'emparèrent du prisonnier et le tinrent énergiquement par les bras. Quand les sièges furent amenés, on l'assit de force en liant ses pieds et ses mains au meuble.

« Ainsi, nous propageons des rumeurs mesquines sur les gens de ton espèce, nous sommes des menteurs, et vous autres seriez des gens sincères et pieux. Nous sommes des opportunistes et des arrivistes et vous, vous priez Dieu avec humilité et respect. C'est bien ce que tu as dit hier? Répète-le. »

Une formidable gifle fit basculer Rahmat en arrière. On le ramassa. Un filet de sang coulait de ses lèvres bleuies par le froid.

« Répète, fils de chien, les insultes que tu as proférées hier devant des centaines de témoins. Tu les as entendus à la fin. Tous hurlaient à mort. Mais ce serait trop facile de te tuer d'une balle dans la tête... Non, non, j'ai d'autres techniques que tu n'oublieras jamais et emmèneras en enfer avec toi. »

Un procès sans appel

Sur un signe, l'un des acolytes sortit de sa poche une enveloppe d'où il tira une lame de rasoir. Il s'approcha de Daneshvar et l'enfonça lentement dans la peau de sa cuisse droite. Le prisonnier hurla de douleur. Malgré le sang qui giclait, le tortionnaire écrivit avec application « traître », puis avec le même zèle, il perfora la cuisse gauche et il ajouta « espion ». Enfin, sur la poitrine, toujours avec la même détermination et malgré les hurlements de Rahmat, il traça les deux triangles de l'étoile de David.

Deux brocs d'eau furent jetés sur l'ancien aide de camp afin de laver le sang qui coulait de toutes parts. Ghaffari s'était levé et avant de quitter la pièce, dit :

« C'est moi qui ai abattu Hoveyda. J'en ai maté plus d'un et des plus durs que toi. Tu finiras par céder, je te le promets. »

La lumière s'éteignit. Tout le corps du supplicié brûlait et il sentait le sang ruisseler le long de ses jambes et de sa poitrine. Il aurait voulu se laisser aller, mais quelque chose lui disait de résister, de s'accrocher encore au mince fil qui le retenait à la vie.

Il délira. Il parlait à haute voix, répétait sans relâche le nom de sa femme, de ses enfants, invoquait le Seigneur. Puis il se mit à fredonner un air, puis un autre. Il fallait tenir à tout prix.

Le second procès

A moitié nu, ligoté à sa chaise, du sang coagulé sur le ventre, les cuisses et les jambes, transi par le froid intense qui régnait dans la cellule, à la limite de l'inconscience et du délire, il n'entendit pas la porte s'ouvrir et les tortionnaires revenir. A peine reconnut-il Ghaffari, debout devant lui, un Coran à la main.

« Daneshvar, c'est ta dernière chance... Renonce à ta foi et je te libère sur-le-champ... Tu m'entends ? »

Rahmat entendait vaguement quelque chose, mais ne comprenait pas. Tantôt, il secouait la tête de haut en bas, tantôt de droite à gauche. Puis il s'effondrait vers l'avant, retenu seulement par ses sangles.

« Tu vois ce Coran ? Est-ce que tu le vois ? »

Le prisonnier releva la tête et fit signe que oui.

« Tu sais ce qu'est ce livre, tu le reconnais ? »

Rahmat acquiesça, puis fixa le religieux.

« Je te le demande une dernière fois, la toute dernière. Écoute-moi bien, je ne le répéterai plus. Pense aussi, avant de répondre, à ta femme et à tes enfants : renonces-tu à tes convictions, oui ou non ? »

Le hojatoleslam Ghaffari était à moins d'un mètre de sa victime, tenant le Coran à deux mains contre sa poitrine. Il attendait la réponse de Rahmat, qui regardait le sol sans bouger.

« J'attends ta réponse... Ma patience a des limites ! »

Un procès sans appel

Rahmat leva lentement son regard vers le religieux et après l'avoir fixé pendant quelques secondes, murmura, d'une voix à peine perceptible :
« Je le regrette... Je ne peux pas... »
Le coup partit comme un éclair, la chaise s'effondra sur le sol et la tête de Daneshvar percuta le ciment de la geôle.
« Ramassez-le et recommencez! Recommencez! » aboya le juge islamique en dressant le saint livre au-dessus de sa tête.
Cette fois, la petite lame de rasoir incisa les bras, puis les jambes. Puis ce fut le tour du dos.
Ghaffari hurla à un comparse :
« Écris : Mort aux bahaïs, ennemis de l'islam! »
Daneshvar s'évanouit. Le magistrat fit verser deux ou trois seaux d'eau froide pour tenter de le réveiller. Il demanda à un de ses sbires d'aller lui chercher un verre d'eau chaude. Il fit couper la lame de rasoir en petits morceaux et les jeta dans le récipient. Puis il empoigna Rahmat par les cheveux, fit basculer sa tête en arrière et lui maintint la bouche ouverte :
« Bois, vermine! A ta santé! »
Il déversa lentement le contenu du verre dans la gorge du supplicié qui eut un hoquet, puis un râle.
Ghaffari tendit le verre vide à l'un des gardes, lui demanda son arme de poing, visa et tira une balle dans chacun des genoux du prisonnier. Ce dernier

Le second procès

eut un léger sursaut. La détonation avait attiré d'autres geôliers qui, silencieux, regardaient la scène.

Le religieux invoqua le nom du Tout-Puissant, récita une prière, insulta une fois encore le bahaï et, sans la moindre émotion, appuya le canon de l'arme sur la nuque de Daneshvar. Il regarda les hommes présents. Il sourit :

« Ce serait si facile d'éliminer un ennemi de Dieu, un ennemi du peuple, un traître et un espion... Ce serait si facile... »

Il abaissa le revolver.

« Je n'en ai pas encore fini avec toi, et ceux de ta race, Rahmat Daneshvar... On se retrouvera. »

Avant de s'effondrer définitivement, Rahmat eut la force de marmonner dans un dernier râle :

« Seigneur... laissez la vie à la vie... ayez pitié... »

ÉPILOGUE

Depuis avril 1982, Rahmat Daneshvar a disparu. Toutes les recherches entreprises par sa famille, ses amis et le Centre mondial des bahaïs sont demeurées vaines.

Officiellement, on dit l'avoir vu vivant dans les locaux du ministère de la Justice islamique la veille du troisième anniversaire de l'installation de la République iranienne, le 9 février 1982. Un juge était venu lui annoncer sa condamnation à mort avec rejet anticipé de la grâce de l'imam.

Selon un document produit par le « Vézaraté Amniat va Ettelaaté Keshvar » (Vavak, successeur de la Savak), le condamné aurait été exécuté le 12 février et son corps jeté à la fosse commune d'Amir-Abad.

Mais un autre document tout aussi officiel du procureur général de Téhéran affirme que Daneshvar vivait toujours le 15 farvardin 1361 (4 avril 1982) et qu'il avait été transféré au pénitencier de Varamine, dans la grande banlieue de la capitale iranienne.

D'autres informations, non vérifiables, sont parvenues en Europe et aux États-Unis entre 1985 et 1988 : trois anciens forçats, condamnés à l'exil intérieur dans les îles du golfe Persique, auraient vu l'ancien gouverneur de la banque centrale dans l'îlot torride et insalubre de Hendourabi, les pieds entravés de grosses chaînes et cassant des cailloux avec une lourde masse. Un autre prisonnier l'aurait vu peu de temps après à Sirri, autre îlot voisin du premier, piochant le sol pour y aménager une route.

C'est à l'occasion de l'intensification de la guerre Iran-Irak dans les eaux du golfe Persique et de l'intervention massive des marines occidentales et soviétique que tous les prisonniers politiques condamnés au bagne dans les îles du Sud iranien, ont été regroupés dès le printemps 1986 dans l'île de Qheshm, où Rahmat aurait été aperçu une dernière fois.

Enfin, un ancien agent des services secrets iraniens, réfugié aux États-Unis en 1988, a affirmé que l'ancien aide de camp du shah aurait été gracié après trois années d'emprisonnement sévère, aurait été soigné, en quelque sorte réhabilité, aurait – peut-être – renoncé à sa foi et travaillerait pour le régime islamique sous la menace perpétuelle de représailles envers sa famille, toujours établie dans l'Ouest américain. Cette affirmation semble la moins crédible.

Dix années se sont écoulées, après le dernier face-à-face entre le bahaï et le juge islamique Ghaffari.

Épilogue

Depuis le renversement de la monarchie en février 1979, environ quinze cents bahaïs ont été fusillés, pendus ou égorgés; plus du double ont disparu sans laisser de trace. Deux cent mille ont fui le pays; trois cent mille vivent encore en Iran, toujours menacés, victimes de sévices, de brimades, de discriminations.

TABLE

1. Grandeur et décadence 11
2. La Révolution..................... 41
3. La fuite......................... 65
4. Le marchandage................... 93
5. L'interrogatoire.................... 119
6. Le premier procès 145
7. Le chantage 177
8. La torture........................ 205
9. Le piège 229
10. Le second procès 257

Épilogue.............................. 287

Cet ouvrage a été réalisé par la
SOCIÉTÉ NOUVELLE FIRMIN-DIDOT
Mesnil-sur-l'Estrée
pour le compte des Éditions Grasset
en mars 1992

Imprimé en France
Dépôt légal : mars 1992
N° d'édition : 8768 – N° d'impression : 20044
ISBN : 2-246-45441-7